朝鮮王朝がわかる!

六反田 豊 監修

成美堂出版

現代に残る朝鮮王朝

崇礼門《スンネムン》（焼失前）

南大門《ナンデムン》の通称で知られている漢城《ハンソン》の門。城壁都市であった漢城の４大門の１つ。2008年に放火により焼失。その後、復元された。

徳寿宮《トクスグン》の中和殿《チュンファジョン》

徳寿宮の正殿。もとは王族の邸宅で、壬《イム》辰倭乱《ジンウェラン》・丁酉再乱《チョンユジェラン》（文禄・慶長の役）でほとんどの宮殿が焼失したため、宮殿として使われることになった。

中和殿の海駝《ヘテ》

魔除け・火除けとも、公明正大を求めるともいわれる神霊の像。

景福宮《キョンボックン》の神武門《シンムムン》

景福宮の４大門の北側の門。神武門を抜けた正面に韓国の大統領官邸である青瓦台《チョンワデ》がある。

玉座（景福宮）
勤政殿内の玉座。天井には一対の竜のレリーフがあしらわれている。

勤政殿《クンジョンジョン》（景福宮）
景福宮の正殿。国王の即位など国家規模の儀式や外国からの使臣の接待など、公式行事が行われた。中央には玉座がある。

大成殿《テソンジョン》（成均館《ソンギュングァン》）
孔子やその弟子たちを祀った文廟（祠堂）。
講堂である明倫堂《ミョンニュンダン》（左）とともに、儒教教育の最高学府である成均館の中核となる建物。

南漢山城《ナムハンサンソン》の演武館《ヨンムグァン》
山城である南漢山城内に設けられていた兵の武術の鍛錬場。

昌徳宮《チャンドックン》の魚水門《オスムン》
階段を上がった奥が王室の学術・政策研究機関兼図書館の奎章閣《キュジャンガク》。魚水門は王専用の門で、他の者は脇の門を使った。

九節板《クジョルパン》
錦糸卵や 野菜、肉などの８種類の具を
中央の煎餅《チョンビョン》に巻いて食べる伝統料理。

再現された宮廷料理
唐辛子は 17 世紀になって朝鮮半島に伝来したため、唐辛子を使った韓国の代表的な料理であるキムチやチゲ鍋はまだなかった。宮廷料理は淡白なものが多かったといわれている。

禮成門《イェソンムン》（景福宮《キョンボックン》）
醤庫《ジャンゴ》の門

醤庫（景福宮）
王宮で使う醤《ジャン》（味噌や醤油などの調味料）の甕を管理・保管した倉庫。

contents

第1部　知っておきたい朝鮮王朝の基礎知識

第2部　朝鮮王朝歴代の王と治世

contents

第1部

知っておきたい 朝鮮王朝の基礎知識

朝鮮王朝の行政区画―八道

朝鮮王朝は国内に８つの「道」（日本の県にあたる行政区画）である八道《パルト》を設置した。道の名称は王によって変わることもあったが、区分が変わることはなかった。

朝鮮王朝の首都―漢城地図

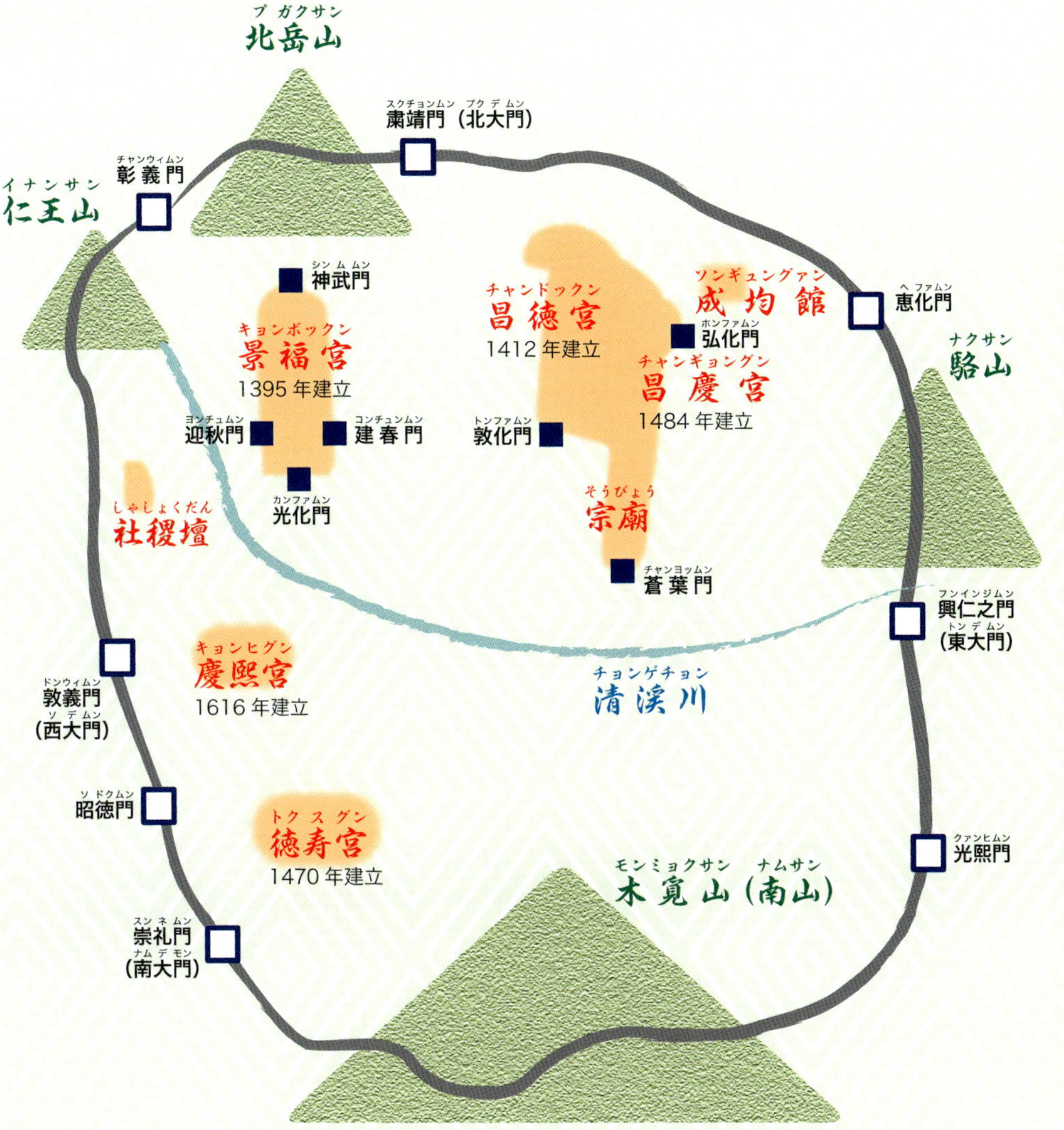

□ 都城門―四大門：興仁之門（東大門）・崇礼門（南大門）・敦義門（西大門）・粛靖門（北大門）

■ 王宮の門

太祖《テジョ》が高麗時代の首都・開城《ケソン》から遷都した漢城《ハンソン》は、壁に囲まれた城壁都市だった。王宮は太祖が建てた景福宮《キョンボックン》が最初で、後に離宮や王族の邸宅が王宮として整備され、王宮が移されることもあった。

朝鮮王朝500年 歴代王の治世

○数字は歴代王の代数　王名（享年）在位年

① 太祖《テジョ》(李成桂《イソンゲ》)

(73) 1392～1398

高麗王朝下の地方豪族の出身。武将として数々の武功で名声を得、文武両方の官僚から信頼を集めた。明討伐軍の遠征途中、全軍を引き返して実権を掌握し、やがて朝鮮王朝の創始者となった

② 定宗《チョンジョン》

(62) 1398～1400

王権争奪の争いの渦中に即位し、在位2年で兄の太宗に王位を禅譲

③ 太宗《テジョン》

(55) 1400～1418

王権争いを勝ち抜き、中央集権制度を確立。教育・文化の発展にもつとめ、朝鮮王朝の基盤をつくった名君

④ 世宗《セジョン》

(53) 1418～1450

若く有望な儒学者を政権に登用し、儒教の理想とする王道政治を展開。後年「海東の堯舜」と称された朝鮮王朝屈指の君主。ハングルを創製し、文化の発展にも大いに寄与した

年表の○数字は王の代数に対応

①

1392 高麗王朝を倒し、朝鮮王朝建国

1394 漢陽《ハニャン》遷都

②

1398 王位継承争い、第一次王子の乱

1400 また王位継承争い、第二次王子の乱

③

1401 王が民の声を聞く申聞鼓《シンムンゴ》を設置

儒教推奨、仏教を弾圧

1402 号牌法《ホペポプ》を実施し、戸籍を整備

1403 鋳字所を設置し、金属活字印刷開始

1419 倭寇《わこう》討伐のため対馬遠征、己亥東征《キヘトンジョン》

④

1420 学問研究所、集賢殿《チッピョンジョン》を設置

1433 平安道《ピョンアンド》に4郡を設置し、西北辺境開拓

1437 咸鏡道《ハムギョンド》に6鎮を設置し、東北辺境開拓

1443 訓民正音《フンミンジョンウム》（ハングル）創製

1445 膨大な医学書、『医方類聚《ウィパンユチュイ》』編纂

1446 訓民正音公布

⑤

中国

日本　室町時代

5 文宗《ムンジョン》

(38) 1450～1452

29年間の世子（王の跡継ぎ）時代に、8年間世宗の摂政をつとめた影の功労者

6 端宗《タンジョン》

(16) 1452～1455

叔父に王位を追われ、流刑地で16歳で命を奪われた悲運の王

7 世祖《セジョ》

(51) 1455～1468

王位を簒奪し、強力な王権の維持のため行政改革の断行に踏み切る

8 睿宗《イエジョン》

(19) 1468～1469

18歳で即位、垂簾《すいれん》聴政《ちょうせい》を行う母后の傀儡《かいらい》として在位1年で崩御

9 成宗《ソンジョン》

(37) 1469～1494

新進の士林派を大挙登用し、王道政治を貫いた名君。朝鮮王朝文化の黄金期をつくった王

10 燕山君《ヨンサングン》

(30) 1494～1506

酒池肉林、暴虐の限りを尽くした朝鮮王朝史上最悪の暴君

11 中宗《チュンジョン》

(56) 1506～1544

宮廷クーデターで擁立、改革政策、外敵征伐と、混乱の時代を生きた王

12 仁宗《インジョン》

(30) 1544～1545

心が通わない前王の継妃に孝を尽くし、在位8カ月で崩御した病弱な王

7　8　9　10　11　12　13　14

1466　職田法《チックチョンポプ》で官僚への土地支給制度を改革

法典、『経国大典《キョングクテジョン》』編纂開始（1469完成）

1467　豪族の反乱！　李施愛《イシエ》の乱

1476　成宗の親政開始。士林《サリム》の登用

1498　政権抗争から戊午士禍《ムオサファ》、勃発！

1506　打倒！　燕山君。中宗反正《チュンジョンパンジョン》

1510　倭の貿易商人が反乱　三浦倭乱《サムポウェラン》

1512　壬申約条《イムシンヤクチョ》で対馬との貿易再開

1545　外戚勢力の横暴　乙巳士禍《ウルササファ》

1575　朋党《プンダン》政治の始まり

1592～1598　壬辰倭乱《イムジンウェラン》・丁酉再乱《チョンユジェラン》

明

安土桃山時代

○数字は歴代王の代数　王名（享年）在位年

⑬ 明宗《ミョンジョン》
(33) 1545～1567
11歳で即位。母后の垂簾聴政《すいれんちょうせい》に縛られ、外戚の専横に苦しみ、王権を踏みにじられた涙の王

⑭ 宣祖《ソンジョ》
(56) 1567～1608
官僚の朋党政治、派閥党争の激化。王朝最大の危機、壬辰倭乱と動乱の時代を潜り抜けた王

⑮ 光海君《クァンヘグン》
(66) 1608～1623
明と後金（のちの清）のはざまで絶妙な外交を展開したが、王権安定のため暴君となった

⑯ 仁祖《インジョ》
(54) 1623～1649
清と徹底抗戦の末、蛮族の王の前にひざを屈した王朝史上最大の屈辱をなめた王

⑰ 孝宗《ヒョジョン》
(40) 1649～1659
軍備の増強につとめるも、前王の志、清打倒を果たせぬまま薨去《こうきょ》した無念の王

⑱ 顕宗《ヒョンジョン》
(33) 1659～1674
儒教の禍。礼訟論争と激しい党派の衝突、政権抗争に生涯苦しめられた王

⑲ 粛宗《スクチョン》
(59) 1674～1720
政権闘争を逆手に取った換局政治で党派をおさえ、王権強化に成功した王

⑳ 景宗《キョンジョン》
(36) 1720～1724
父王にも愛されず、激化する党争に翻弄され、党争から暗殺されたともいわれる非業の王

年表の○数字は王の代数に対応

⑮ ⑯ ⑰ ⑱ ⑲ ⑳ ㉑ ㉒

1609 日本との交流再開　己酉約条《キユヤクチョ》
1610 医学書『東医宝鑑《トンイポガム》』編纂
1623 光海君廃位へ　仁祖反正《インジョバンジョン》
1623 外交政策を転換し親明反後金政策へ
1627 後金（清）の襲来　丁卯胡乱《チョンミョホラン》
1636 清に敗北した丙子胡乱《ピョンジャホラン》
1637 蛮族にひざを屈した三田渡《サムジョンド》の盟約
1654・1658 望まぬロシア（羅禅《ナソン》）征伐
1680 王による政権交代策　庚申換局《キョンシンファングク》
1725 どの党派にも公平な蕩平策《タンピョンチェク》実施
1784 天主教（カトリック教）伝道始まる
1786 西学《ソハク》（天主教）の禁止
1791 天主教弾圧の始まり　辛亥邪獄《シネサオク》

中国	明
日本	江戸時代

21 英祖《ヨンジョ》

(82) 1724~1776

蕩平策を用い党争をおさえ、王権を強化した歴代王のなかで最も長寿だった王

22 正祖《チョンジョ》

(48) 1776~1800

民の訴えを活かした善政を行い、商業・文化の発展にも寄与した名君

23 純祖《スンジョ》

(44) 1800~1834

カトリック教徒の弾圧事件。外戚の台頭による勢道政治。国政の混乱を正せなかった王

24 憲宗《ホンジョン》

(22) 1834~1849

安東金氏・豊壌趙氏。2つの外戚の権力闘争と列強進出に苦しんだ若き王

25 哲宗《チョルジョン》

(32) 1849~1863

配流の地、江華島から突如君主に立てられ、勢道政治に縛られた落胆の日々をおくった王

26 高宗《コジョン》

(67) 1863~1907

摂政の興宣《フンソン》大《デ》院君《ウォングン》が王権を凋落させた勢道政治の打破につとめ、国の建て直しに尽力。親政を行った高宗は圧倒的な軍事力に屈服し、西欧列強と日本に飲み込まれていった。王朝の衰亡を見つづけた斜陽の王

27 純宗《スンジョン》

(52) 1907~1910

日本の思惑に翻弄され、世子から皇太子。傀儡皇帝からついに亡国の王となった王朝最後の君主

23 24 25 26 27

1805 外戚が政権を握る勢道政治《セド》が本格化

1811 腐敗政治打倒に農民蜂起！ 洪景来《ホンギョンネ》の乱

1860 理想より現実を重視する東学《トンハク》の創始

1866 フランスとの衝突 丙寅洋擾《ピョンインヤンヨ》

1871 アメリカの襲撃 辛未洋擾《シンミヤンヨ》

1875 日本との戦闘勃発！ 江華島《カンファド》事件

1876 ついに開国に踏み切った日朝修好条規

1882 軍の不満が爆発した壬午軍乱《イモグルラン》

1884 開化派によるクーデター 甲申政変《カプシンチョンピョン》

1885 イギリスが島を占拠した巨文島《コムンド》事件

1894 悪政と外国侵略に対抗した甲午農民戦争《カボノンミンジョンジェン》

1895 閔妃が暗殺された乙未事変《ウルミサビョン》

1897 近代国家をめざして、大韓帝国《テハンチェグク》設立

1905 第二次日韓協約締結 日本の保護国に

1906 日本、韓国統監府を設置

1907 救いの訴えも拒絶されたハーグ密使事件

1909 韓国統監・伊藤博文暗殺

1910 日韓併合条約締結 大韓帝国滅亡

清

明治時代

５００年の日々の記録『朝鮮王朝実録』

王も口出し無用　厳正な記録

歴史記録である「実録」の編纂《へんさん》は5世紀の中国で始まった。朝鮮半島では中国にならって高麗の時代から実録の編纂が始まり、朝鮮王朝でもこの伝統は受け継がれた。

『朝鮮王朝実録』（以下、実録）は初代太祖《テジョ》から最後の純宗《スンジョン》まで、27代にわたる君主の日々の言動が編年体で記録され、実に５１９年間の王朝の歴史が*１９６７巻９４８冊にまとめられている。

一口に５００年というのは簡単だが、日本史に置きなおせば、室町時代初期から明治時代末期に至る。それだけの時代を李氏《イシ》というひとつの家門が君臨し、その事績が営々と記録されていたのだ。

これだけ膨大で詳細な歴史記録はほかに類がなく、貴重な文化財として、韓国では国宝に指定され、ユネスコの世界記録遺産にも登録されている。

記録にあたっては厳正な記述が求められ、改竄《かいざん》を防ぐために、草稿はごく少数の者しか見ることはできなかった。王自身、自分の記録や直近の前王の記録も閲覧が禁止されるほど、修正は厳格に禁じられていた。

ところが、第26代の高宗《コジョン》と日韓併合時代の純宗の実録は、編纂に当たって日本の影響があるため、歴史記録としての価値が評価されず、通常『朝鮮王朝実録』といえば、第25代哲宗《チョルジョン》までの４７２年間の記録をいう。韓国の国宝指定も、世界記録遺産もこの２人の王の実録は含めていない。

本書では、王朝の祖・太祖から王朝最後の純宗まで、27代すべての王の事績と王権をめぐる王と親族、外戚、臣下が織り成す５００年のドラマを、実録をもとに解説する。

＊『実録』の巻数は、付録を巻数に含めず、『文宗実録』の第11巻の欠失、『光海君日記』の草稿本と清書本の２種を別本として数えるなどの留意点を踏まえると、合計巻数は1967巻となる。

『朝鮮王朝実録』全巻構成

『太祖実録』15 巻、『定宗実録』6 巻、『太宗実録』36 巻、『世宗実録』163 巻、『文宗実録』13 巻、『端宗実録』(『魯山君日記』) 巻 14 巻・同付録 1 巻、『世祖実録』49 巻、『睿宗実録』8 巻、『成宗実録』297 巻、『燕山君日記』63 巻、『中宗実録』105 巻、『仁宗実録』2 巻、『明宗実録』34 巻、『宣祖実録』221 巻、『宣祖修正実録』42 巻、『光海君日記』187 巻、『仁祖実録』50 巻、『孝宗実録』21 巻・同付録 1 巻、『顕宗実録』22 巻・同付録 1 巻、『顕宗改修実録』28 巻・同付録 1 巻、『粛宗実録』65 巻、『景宗実録』15 巻、『景宗修正実録』5 巻、『英祖実録』127 巻、『正祖実録』54 巻・同付録 1 巻・同付録続編 1 巻、『純祖実録』34 巻・同付録 1 巻・同付録続編 1 巻、『憲宗実録』16 巻、『哲宗実録』15 巻・同付録 1 巻

＊『高宗実録』48 巻・同目録 4 巻と『純宗実録』4 巻・同目録 1 巻・同付録 17 巻(全 74 巻 60 冊)は通常含めない。

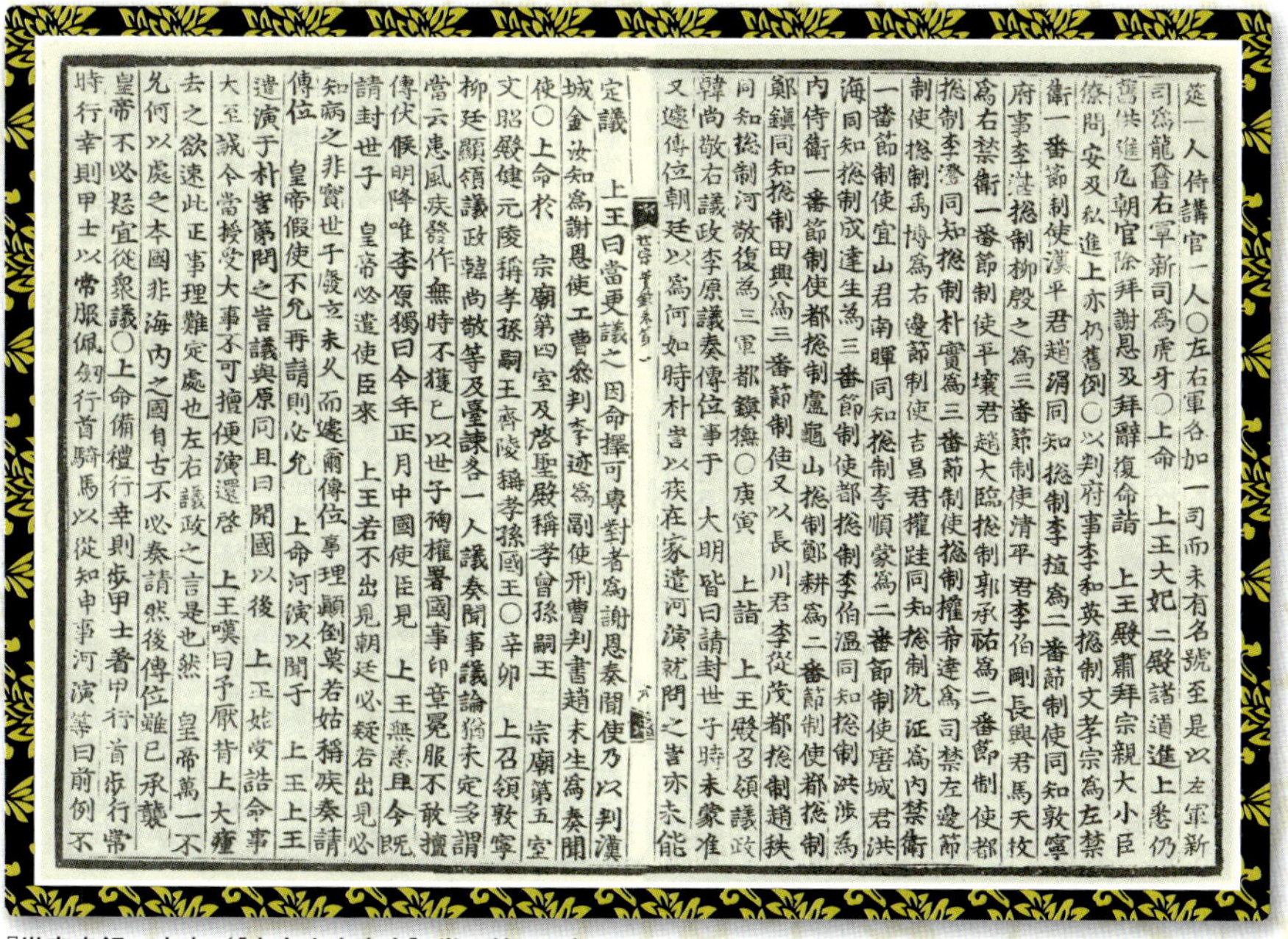
筵一人侍講官一人○左右軍各加一司而未有名號至是以左軍新
司為龍奮右軍新司為虎牙○上命　上王大妃二殿諸道進上悉仍
舊供進○朝官除拜謝恩及拜辭復命詣　上王殿肅拜宗親大小臣
僚問安及私進上亦仍舊例○以判府事李和英摠制文孝宗為左禁
衛一番節制使漢平君趙涓同知摠制李揎為二番節制使同知敦寧
府事李澄摠制柳殷之為三番節制使清平君李伯剛長興君馬天牧
為右禁衛一番節制使平壤君趙大臨摠制郭承祐為二番節制使都
摠制李潑同知摠制朴實為三番節制使摠制權希達為司禁左邊節
制使摠制禹博為右邊節制使吉昌君權跬同知摠制沈泟為內禁衛
一番節制使宜山君南暉同知摠制李順蒙為二番節制使磨城君洪
海同知摠制成達生為三番節制使都摠制李伯溫同知摠制洪涉為
內侍衛一番節制使都摠制盧龜山摠制鄭耕為二番節制使都摠制
鄭鎮同知摠制田興為三番節制使又以長川君李從茂都摠制趙秩
同知摠制河敬復為三軍都鎮撫○庚寅　上詣　上王殿召領議政
韓尚敬右議政李原議奏傳位事于　大明皆曰請封世子時未蒙准
又遽傳位朝廷以為何如時朴訔以疾在家遣河演就問之訔亦未能
定議　上王曰當更議之因命擇可專對者為謝恩奏聞使乃以判漢
城金汝知為謝恩使工曹參判李迹為副使刑曹判書趙末生為奏聞
使○上命於　宗廟第四室及啓聖殿稱孝曾孫嗣王　宗廟第五室
文昭殿健元陵稱孝孫嗣王齊陵稱孝孫國王○辛卯　上召領敦寧
柳廷顯領議政韓尚敬等及臺諫各一人議奏聞事議論猶未定多謂
當云患風疾發作無時不獲已以世子禰權署國事印章冕服不敢擅
傳伏候明降唯李原獨曰今年正月中國使臣見　上王無恙且今既
請封世子　皇帝必遣使臣來　上王若不出見朝廷必疑若出見必
知病之非實世子廢立未久而遽爾傳位事理顛倒莫若姑稱疾奏請
傳位　皇帝假使不允再請則必允　上命河演以聞于　上王上王
遣演于朴訔第問之訔議與原同且曰開國以後　上王始受誥命事
大至誠今當授受大事不可擅便演還啓　上王嘆曰予厭背上大瘴
去之欲速此正事理難定處也左右議政之言是也然　皇帝萬一不
允何以處之本國非海內之國自古不必奏請然後傳位雖已承襲
皇帝不必疑宜從衆議○上命備禮行幸則步甲士着甲行首步行常
時行幸則甲士以常服佩劍行首騎馬以從知申事河演等曰前例不

『世宗実録』本文([太白山史庫本] 巻 1 第 6 丁)
実録は漢文で記述され、内容は歴代の王の事績ばかりではなく、当時の政治・経済・社会・文化などの幅広い分野にわたっている。(出典:『李朝実録』第 6 冊　学習院東洋文化研究所・1962 年)

『朝鮮王朝実録』はどのようにつくられたか？

多くの記録をもとにした編纂

『朝鮮王朝実録』の編纂《へんさん》は王の死後、2、3年のうちに開始されるが、王の生前から8人の*春秋《チュンチュ》館《グァン》員が史官（記録官）を兼務し、交代で王のそばに侍して、王と王の周辺で起こる出来事を日々記録し、実録の基本史料である**「史草」**を作成した。

史草は2部作成され、1部は春秋館に収め**（時政記）**、1部は史官の自家に収蔵した**（家史）**。

王が薨去《こうきょ》して、実録の編纂が開始されると、臨時の実録庁が特設され、史官などの春秋館員は実録庁において編纂業務に従事した。基本資料である時政記や家史のほかに「承政院日記」（王命や行政、儀礼などの記録）、中央や地方の各官庁でつくられた「謄録」などの記録類が集められ、これらをもとに実録が編纂された。

内容には国政の事実だけではなく、王や王妃、官僚など、人物に関する史官の論評も記載された。完全な原稿に仕上げるまでには、草稿を作成し、その内容を検討し修正した再稿をつくり、さらに修正をくり返して最終原稿が確定。ようやく正本（清書本）が完成する。

清書本は漢城《ハンソン》の春秋館の史庫に保管し、1部だけ筆写された手写本は忠州《チュンジュ》の史庫に保管された。第4代世宗《セジョン》の時代に全州《チョンジュ》と星州《ソンジュ》に史庫が増設されると、清書本のほかに3部の活字印刷本がつくられ、それぞれの史庫に保管された。

実録が焼失の危機に見舞われた壬辰倭乱《イムジンウェラン》・丁酉再《チョンユジェ》乱《ラン》（文禄・慶長の役）後は、漢城以外に摩尼山《マニサン》・太《テ》白山《ベクサン》・妙香山《ミョヒャンサン》・五台山《オデサン》に史庫を新設し、計5部が保管された。しかし、その後も戦乱や朝鮮戦争の戦火で焼失し、フルセットのものは2部のみが現存する。

＊春秋館：文書保管・実録編纂業務などを行う行政機関

史庫所在地と史庫

壬辰倭乱《イムジンウェラン》・丁酉再乱《チョンユジェラン》（文禄・慶長の役）で全州史庫本をのぞいて焼失。乱後に全州史庫本をもとに4部が活字で復元され、5つの史庫に分置された。第17代孝宗の代からは清書本が廃止され、5冊すべてが活字印刷になっている。

五台山史庫
『朝鮮王朝実録』を収蔵・保管した史庫。風通しをよくするために高床式で、窓も大きくとられていた。

『朝鮮王朝実録』の来歴

摩尼山本　鼎足山史庫（1660）→京城帝国大学→ソウル大学校奎章閣**（現存）**

妙香山本　赤裳山史庫（1633）→李王職蔵書閣→朝鮮戦争（1950-53）で亡失、北朝鮮へ？

太白山本　→京城帝国大学→ソウル大学校奎章閣→政府記録保存所**（現存）**

五台山本　→東京帝国大学→関東大震災（1923）で大部分焼失

春秋館本　→朝鮮末期（1811）に亡失

※東京大学総合図書館が所蔵していた五台山史庫本の焼け残りは2006年にソウル大学校へ寄贈された。

儒教によって国を治めた朝鮮王朝

生活の規範となった教え

朝鮮王朝は中国と同様に、紀元前6世紀、中国春秋時代の思想家、孔子が説いた儒教を国家統治の理念としていた。

孔子は「修身斉家治国平天下（自分自身を正せば家のなかがととのい、家のなかがととのえば国がよく治まり、国がよく治まれば天下が平和になる）」という言葉にあるように、王や臣下、民が理想社会を実現するために行うべき**「五常」「五倫」**などを基本とした道を説き続けた。

儒教は朝鮮半島に4世紀に伝来したが、今の韓国にみられるような儒教的な生活様式や習慣が浸透するのは朝鮮王朝時代を通じてのことになる。

太祖《テジョ》は高麗末期に堕落した仏教勢力が国を疲弊させたことを憂い、新興勢力だった儒臣（儒教を奉じる官僚）を王朝交代の支持勢力とした。

この儒臣たちが重んじていたのが儒教の学説のひとつ、**朱子学**だった。

朱子学は12世紀、南宋の朱熹《しゅき》が体系化した学説で「性理学」「道学」とも呼ばれる儒教の新しい考え方だった。

その思想はごくおおざっぱな言い方をすると、「理」と「気」が個人・社会・宇宙を結びつけ、この世界の成立、秩序が保たれるとしている。そして、この考え方をもとに、物事の正否、上下の関係、人が守るべき本分・秩序を厳格に重視し、結婚式や葬儀をはじめ、日常のすべての規範を細かく定めている。

こうした儒教・朱子学の教えによって、朝鮮王朝は国政をはじめ、明や清との外交、王位継承の序列などを決め、国を統治していたのだ。

儒教の基本的な教え

人が持つべき五つの徳

五常

- **仁** 人を思いやる最高の徳目、己を高め、人を治める
- **義** 利にとらわれずに歩む正しい道
- **礼** 秩序を生む上下関係の礼節
- **智** 善悪・是非を判断する知恵
- **信** 心と言葉が一致して生み出される信頼

人が互いにあるべき姿

五倫

- **君臣の義** 慈しみで結ばれた君主と臣下
- **父子の親** 親愛の情で結ばれた父と子
- **夫婦の別** それぞれの役割をわきまえた夫と妻
- **長幼の序** 年長者を敬う年少者
- **朋友の信** 信頼で結ばれた友

孔子（紀元前 551 〜紀元前 479）
五常、五倫などを実践することで、「君は君たれば、臣は臣たり、国は治まる」。そのためにも、秩序や物事の正邪を厳しく分別する必要があると説いた。

「良」と「賤」に二分されていた身分制度

最新研究で判明した二身分制

朝鮮王朝の身分制度というと、両班《ヤンバン》・中人《チュンイン》・常《サン》民《ミン》（良民）・賤民《チョンミン》の「四身分説」が長く通説になっていたが、最近の研究では、朝鮮王朝の法的身分制度は大きく「良」と「賤」に二分されていたとされている。

良身分は、

①貴族である両班
②通訳や医学、天文学などの技術系の中・下級官僚である中人
③士族以外で官位や官職を持っている者
④地方官僚である郷吏
⑤農民を中心とする一般庶民層である平民（常民）
⑥商工業などに従事する常民

などから構成されていた。

職業によって差別された人々

七般公賤

妓生（芸妓兼娼婦）、官女、吏族（下級役人）、駅卒（下級伝令所役人）、獄卒（下級牢獄役人）、官奴婢、犯罪逃亡者など

八般私賤

僧侶、巫女、伶人（演奏者）、才人（俳優）、社堂（旅芸人）、挙史（芸人）、鞋匠（履物職人）、白丁（屠畜業者）など
このなかには、法的には良身分とされた人々も含まれていた。

白丁はもともとは無位無官の良民（庶民）を指す言葉だった。ところが第４代世宗が屠畜業者の差別緩和のために「彼らを白丁と呼ぶように」と発布した結果、呼称を変えても屠畜業者への蔑視が変わらず、時代を下るにしたがって被差別民全体を俗に白丁と呼ぶようになっていった。

公奴婢（公賤）

官庁などの国家機関に所有された奴婢

立役奴婢《イビョクノビ》
所属先の官庁に代々住み、官僚の雑務などに従事

身貢奴婢《シンゴンノビ》
所属官庁以外の場所に住み、所属官庁に所定額の米や布の納付を義務付け

私奴婢（私賤）

士族などの家や個人が所有者（上典）として所有する奴婢

卒居奴婢《ソルゴノビ》
上典の家に同居して労働に使役する

外居奴婢《ウェゴノビ》
上典の農地の経営や管理などに従事

奴婢は良身分との結婚や家庭を持つことも許されていた。また、奴婢が奴婢を所有していた事例も確認されている。

一方の**賤身分**を構成したのが奴婢《ノビ》で、男が「奴」、女が「婢」と呼ばれた。

奴隷とは言いきれない奴婢

奴婢には、
①宮廷などの公共機関が所有する**公奴婢《コンノビ》（公賤）**
②良身分の者が所有する**私奴婢《サノビ》（私賤）**
があった。

どちらも所有者のために労働や雑務に従事し、私奴婢は所有者の財産として、相続や売買のほか、贈与、借金の担保として扱われることもあった。

こうした奴婢は、財産や土地の所有も許され、一般の農民と同じような暮らしをしている奴婢も多数おり、すべてを奴隷という枠でくくるのは難しい面もある。なかには代々家につかえ、所有者から親近感をもたれる奴婢さえいたという。

奴婢のほかに、賤身分でもないのに差別の対象となった人々に、生業が卑賤とされた**「七般公賤」**や**「八般私賤」**がいた。

女性を縛った儒教のしきたり

曲解された儒教思想

儒教思想では、**五倫**（→p21）の実践が重要であると説かれている。このうち、「夫婦の別」が強調されるあまり、男尊女卑の考え方が生まれ、徹底されるようになった。

もともと、儒教には男尊女卑を強いるような記述はなかった。しかし朱子学が序列を徹底した結果、王―臣―民という国を治める図式が生まれ、家庭内では夫―息子―婦（女性）という序列が厳格になった。

儒教の経典にある*「女必従夫」*「三従之道」「四徳」「七去之悪」という言葉は、女性が自分の役割を知り、持ち分を守るように説いたものである。

これが、男性への服従が女性の美徳であるように曲解され、民衆への儒教の教化とともに、男性上位の考え方が強調され広まっていった。

そして、宮廷からこの流れを徹底させたのが第9代成宗《ソンジョン》の実母、仁粋大妃《インステビ》（昭恵王后韓氏《ソヘワンフハンシ》）だった。仁粋大妃は学識が高く、漢文の読み書きはもちろん、多くの古典籍にも通じていた。彼女はそうした素養を生かし、女性がわきまえておくべき行い・考え方を中国古典の修身書『明心宝鑑』や儒教の教えを守った女性の史伝を集めた『列女伝』などから収集し、全3巻7章からなる女性のための教育書**『内訓《ネフン》』**を編纂《へんさん》した。本文は、漢文とハングルの2字体で記述され、漢文の素養のない女性や庶民にも読めるよう配慮された。

仁粋大妃がこの『内訓』を編纂した背景には、王権が弱体化していた実子、成宗の治世に王や臣下を支える妻たちの「内助の功」の発揮を期待する思いがあったといわれている。

*「女必従夫」：女（嫁）は必ず夫に従うもの。
*「三従之道」：幼いうちは父に、嫁したら夫に、老いれば息子に従え。

実際、『内訓』には自分のことは顧みずに身を粉にして夫に仕える夫人や、夫亡きあとも「不更二夫（別の夫にかえずに）」貞節を守った貞女など、男性に尽くした女性の例が集められている。

しかし、男性側は男尊女卑の考えに乗じて、こうした献身的な女性像を女性に強要するようになり、いつしか男性上位の社会を形成するようになっていった。

女性に課された儒教の徳

四徳　女性がそなえるべき４つの美徳

婦徳…女性らしい礼節のある道徳
婦言…ていねいで品のある言葉づかい
婦容…清潔で見苦しくない身だしなみ
婦功…家事や品のある立ち居振る舞い

七去之悪　夫から離縁されても仕方がない嫁の七例

不順…夫の親に従わない女
無子…男子を出産しない女
淫行…淫乱・淫倫な女
嫉妬…やきもちを焼く女（妾への嫉妬もダメ）
悪疾…病気がちな女
口舌…口論や悪口を言う女
窃盗…人の物を盗む女

図は幼い孟子のためによい環境を求めて三度転居した母「孟母三遷」
（『列女伝』清刊本　大阪府立中之島図書館所蔵）

エリート官僚集団「両班」

儀式などで、両班は王の前に文班と武班に分かれ、階級をしめした品階石にそって整列した。

品階石が並ぶ景福宮の正殿・勤政殿

文と武、2つの「班」

朝鮮王朝の政治は、王を頂点に知識人エリート層である**士族**（士大夫の集団）が担っていた。士族は儒学を学び、官吏登用の国家試験「科挙」（→p30）に合格することで国政に参与した。これらの官僚のことを**「両班《ヤンバン》」**と呼ぶ。

儀式などで官僚が宮殿に参集すると、王は『易教』の「聖人南面而聴天下、嚮明而治（聖人が南を向いて政治を行えば、明るい（よい）方向に国は治まる）」という言葉どおり、南に向かって立ち、東側に文班《ムンバン》（文臣）、西側に武班《ムバン》（武臣）がそれぞれ官位の高い順に列をつくって並んだ。

この列のことを**「班」**といい、班が文・武、2つあったことから官僚のことを両班と呼ぶようになった。

党派（朋党）の流れ

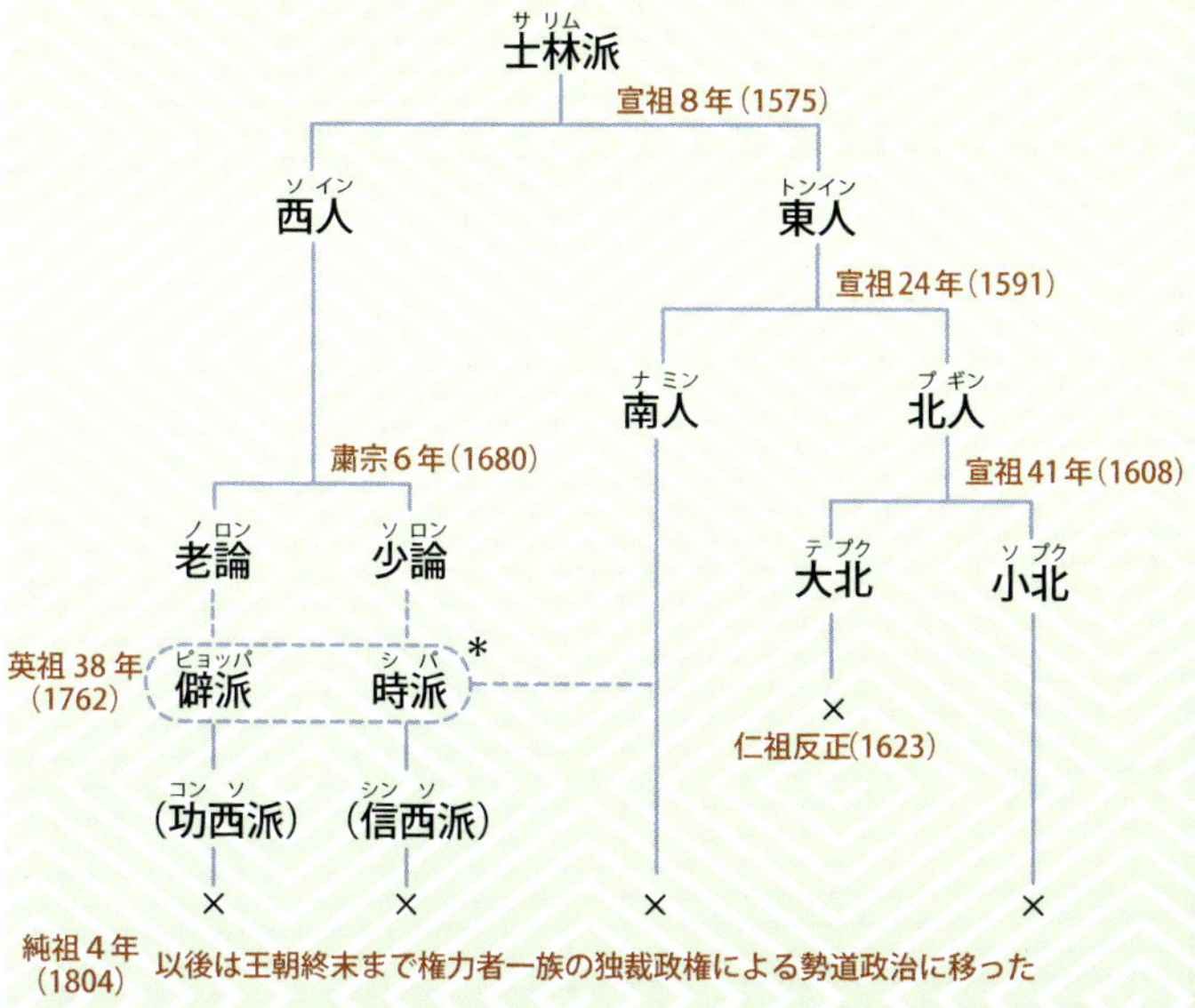

士林派は理想とする儒教政治を実現するために、勲旧派や外戚勢力と激しく対立した。ときには王とも対立し、大規模な粛清《しゅくせい》（士禍《サファ》）の犠牲となることもあった。党派は政策や利害によって分裂をくり返し、朝鮮王朝の後期まで党争が続いた。

＊僻派は老論が中心を占めるが、そのほかの党派の士林も合流していた。同様に、時派も南人・少論・老論の一部の士林が党派の枠を超えて派閥を形成していた。

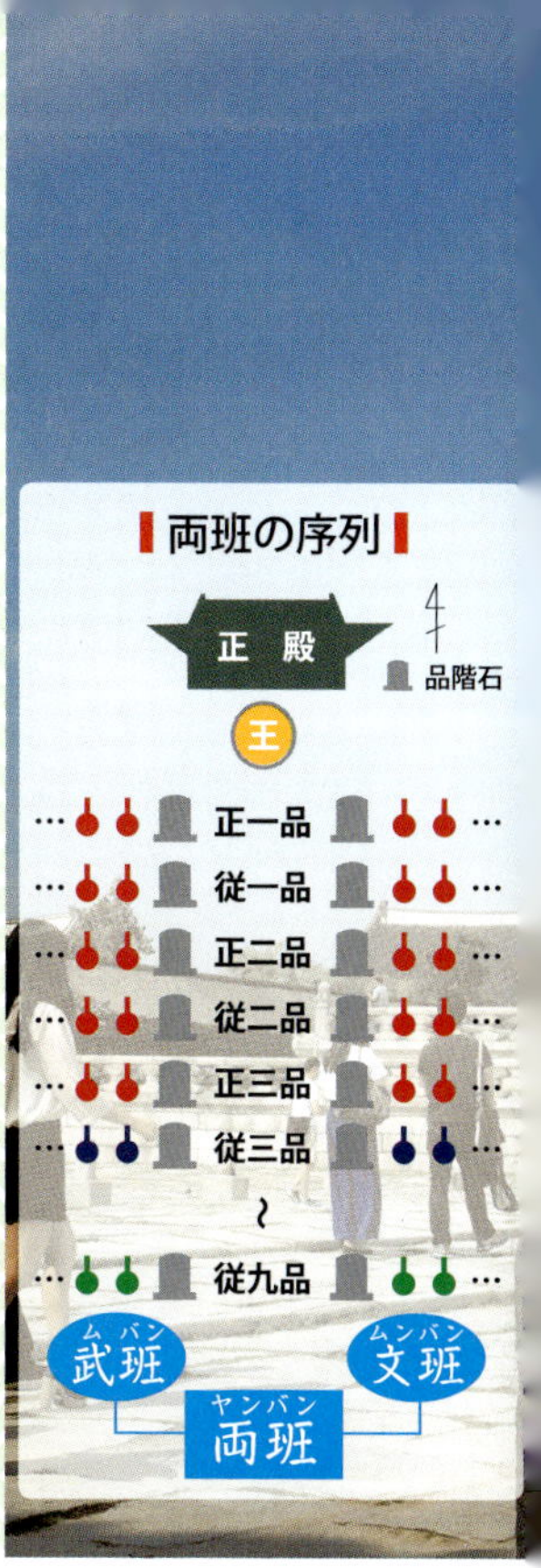

特権階級でもあった両班

両班は官僚でもあるが、官僚を輩出する家門でもあり、儒教文化の担い手でもあった。また、国から収入源である田地が支給され、軍役や税の軽減や免除があり、特権的な身分階級でもあった。

また、王朝が学問を尊ぶ文治主義であったことから、同じ両班であっても武臣の位は文臣より低く設定され、武臣は文臣の下に置かれていた。

両班には、都である漢城とその周辺に居住し、王宮に仕えた「在京両班（京班）」と、地方の農村に代々居住し、その地方の有力な同族集団となり、地方行政をつかさどった「在地両班」があった。

こうした両班のなかでも、高麗末期から現れた朱子学を修めた新興官僚は**「士林《サリム》」**と呼ばれた。

第９代成宗のころから、士林たちの勢力が朝廷で力を持つようになると、主義主張や利害を同じくする者が集まり、**「朋党《プンダン》」**と呼ばれる党派をつくるようになり、権力闘争や分裂をくり返した。

王を頂点とする官制（行政組織）

朝鮮王朝は王が直接、国政を執る親政を実施し、王の下に図のような行政機関が組織されていた。第3代太宗《テジョン》から第5代文宗《ムンジョン》まで、また第7代世祖《セジョ》の時代には王権強化のため議《ウィ》政《ジョン》府《ブ》抜きで、王がじかに六《ユク》曹《チョ》を動かす「六《ユク》曹直啓制《チョチクケジェ》」を実施したこともある。

王

京職《キョンジク》（中央政庁）

義禁府《ウイグムブ》
政治犯の逮捕・調査など。一般犯罪は管轄外

漢城府《ハンソンブ》
首都の行政・司法機関

議政府《ウィジョンブ》（内閣府）
行政の最高機関

三公（三政丞）
王朝の最高官職
（いずれも正一品）
- 領議政《ヨンイジョン》（総理大臣）
- 左議政《チャイジョン》（第１副総理）
- 右議政《ウイジョン》（第２副総理）

承政院《スンジョンウォン》
王命の出納をつかさどる国王の秘書室的存在

六曹《ユクチョ》（６つの官庁の総称）

六曹のトップは判書《パンソ》（大臣：いずれも正二品）

兵曹《ビョンジョ》（国防省）
武官人事・軍事・国防など

礼曹《イェジョ》（宮内庁＋文部省＋外務省）
儀礼祭礼・科挙・外交など

戸曹《ホジョ》（大蔵省）
租税の出納・戸籍管理・貨幣鋳造など

吏曹《イジョ》（内務省）
文官の人事など

このほかに

集賢殿《チッピョンジョン》　学問研究機関

成均館《ソンギュングァン》　最高教育機関

春秋館《チュンチュグァン》　文書保管・実録編纂業務など

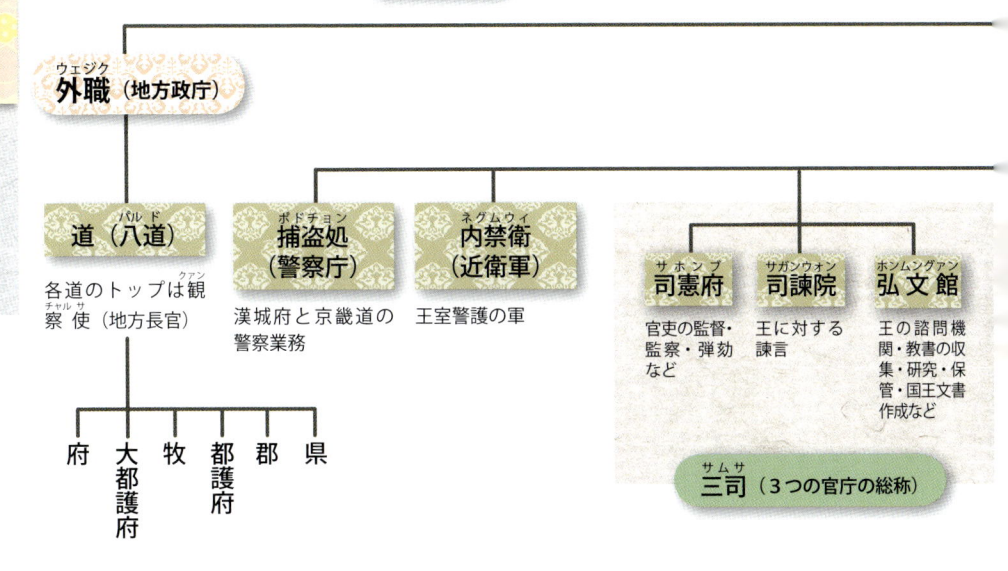

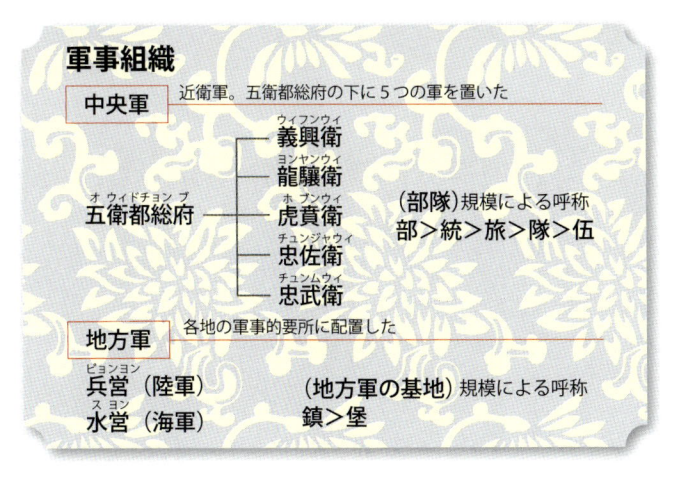

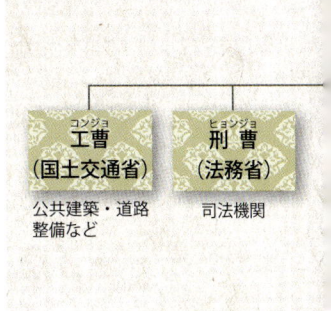

外職《ウェジク》**（地方政庁）**

道（八道《パルド》）
各道のトップは観《クアン》察使《チャルサ》（地方長官）

府
大都護府
牧
都護府
郡
県

捕盗処《ポドチョン》**（警察庁）**
漢城府と京畿道の警察業務

内禁衛《ネグムウィ》**（近衛軍）**
王室警護の軍

司憲府《サホンブ》
官吏の監督・監察・弾劾など

司諫院《サガンウォン》
王に対する諫言

弘文館《ホンムングァン》
王の諮問機関・教書の収集・研究・保管・国王文書作成など

三司《サムサ》**（3つの官庁の総称）**

軍事組織

中央軍　近衛軍。五衛都総府の下に5つの軍を置いた

五衛都総府《オウィドチョンブ》
- 義興衛《ウィフンウィ》
- 龍驤衛《ヨンヤンウィ》
- 虎賁衛《ホブンウィ》
- 忠佐衛《チュンジャウィ》
- 忠武衛《チュンムウィ》

（部隊）規模による呼称
部＞統＞旅＞隊＞伍

地方軍　各地の軍事的要所に配置した

兵営《ピョンヨン》（陸軍）
水営《スヨン》（海軍）

（地方軍の基地）規模による呼称
鎮＞堡

工曹《コンジョ》**（国土交通省）**
公共建築・道路整備など

刑曹《ヒョンジョ》**（法務省）**
司法機関

競争率三千倍の狭き門「科挙」

エリートを生み出す官吏登用試験

官吏を目指す者は文官、武官はもちろん、通訳や医療などの技術官僚に至るまで、すべて官吏登用試験**「科挙」**を受けるのが基本だった。

科挙は法的にはすべての良民に受験資格があるが、実際には受験準備にかかる経済的な負担が大きく、士族である両班でなければ受験することが難しかった。

両班のなかには、父祖の功績によって科挙を通らずに官職に就く**「蔭叙《いんじょ》」**を利用する者もあった。ただし、低い位階での登用、高級官僚への出世が難しいなど厳しいハンデがあり、士族の子弟でも科挙を受験するのが一般的だった。

芙蓉亭《プヨンジョン》（昌徳宮《チャンドックン》）
文科の合格者をもてなした場所といわれている。

科挙は「式年試」と呼ばれる3年に1度の実施が原則だったが、臨時の科挙（増広試や別試など）もしばしば実施された。

試験は志望する職種によってコースが分かれており、文官の**「文科」**（初級官僚の登用試験である**「小科」**と、小科合格後の中級官僚のための**「大科」**の2種類）、武官の**「武科」**、通訳や医術、法律などの技術専門職の**「雑科」**があった。

文科の小科は「司馬試」ともいい、儒教経典の知識を問う**「生員試（明経科）」**と詩・賦・表・箋・策問などの文章作成を課す**「進士試（製述科）」**の2種類がある。受験者は、どちらかを選んで受験した。試験は初試・覆試の2段階で、この2つの試験を通過して、初めて合格となる。生員試と進士試は試験日がずれていたため、両方を受験し、両方とも合格するというつわものもいた。

生員試・進士試を合格すると国王から「白牌教旨」と呼ばれる合格通知が発給され、初級官僚採用の資格を得ることができた。

もっとも、生員試・進士試は本来、最高学府である成均館《ソンギュングァン》への入学試験であり、任官せずに進学し、大科を受験するのが正規のコースだった。ちなみに、成均館に入学して約1年間の教育課程を経なければ、大科を受験することはできなかった。

成均館へすすんだ受験生は、2～3年の研鑽《けんさん》を積み、大科の3段階の試験、初試・覆試・殿試に挑み、この3つの試験を通過した合格者が晴れてエリートコースに乗ることができた。

大科合格までの競争率は時代によって異なるが、およそ三千倍という厳しいものだった。

科挙の流れ　文科

書堂（塾）

7～8歳までに入学：漢文の読み書き・儒教経典の初歩的知識の習得

四学（中央教育機関）：東学・西学・南学・中学（漢城在住者）
郷校（地方教育機関）

15～16歳：各種儒教経典や文書作成法などの学習

科挙（小科：生員試・進士試）　受験…20歳前後

初試・覆試の2試験に合格（初試合格者定員240名・最終合格者100名）

国王が「白牌教旨（合格通知）」発給

成均館への入学許可・「生員」「進士」の称号
＋初級文臣の採用資格（任官もＯＫ）

成均館（入学定員200人のち126人）　2～3年の研鑽

入学後、最低1年間の教育課程を経なければ、大科は受験できない

科挙（大科）

初試・覆試・殿試の3試験に合格（最終合格者33人）

国王が「紅牌教旨（合格通知）」発給

中級文臣への採用

成績上位3人＝「甲科」
首席合格者は「壮元」と呼ばれ従六品で任官。2等は「榜眼」、3等は「*探花(郎)」と呼ばれ、正七品で任官

4位～10位＝「乙科」
正八品で任官

残り23人＝「丙科」
従九品で任官

＊探花：国王から合格者に下賜された御賜花を及第者の帽子に挿す役割からこう呼ばれた。

ひと目でわかる宮廷での階級① 男性篇

色で階級を表した団領服制度

朝鮮王朝の**品階**（階級）制度は、唐・宋をまねた高麗王朝の制度を引き継いでいる。

格式や序列を重んじる儒教にもとづいた等級制度で、高位の順に一品から九品まで、正と従の18階級の品階が定められている。官僚はこの品階によって官職が決定し、身分によっては昇進できる品階に限度があった。

正三品は**上階**と**下階**に分かれ、正一品からこの上階までは**堂上官**と呼ばれる政府高官で、堂（宮廷議会場）に上ることが許され、御前会議に出席し、王に面会することもできた。同じ正三品でも下階は、従三品以下と同様に**堂下官**と呼ばれ、そのような特権はなかった。そして、この品階を服装で一目瞭然にしたのが、**「団領服」（官服）**の制度だ。

それぞれの品階によって官服の色が決められ、胸や背には階級や官職を表す刺繍文様《ししゅうもんよう》である**胸背**《ヒュンベ》を入れている。

品階による色は

紅色官服：正一品～正三品
青色官服：従三品～従六品
緑色官服：正七品～従九品

と決められており、胸背には次のような決まりがあった。

文官：孔雀・鶴・雁などの鳥類
堂上官：双鶴胸背（2羽の鶴）
堂下官：単鶴胸背（1羽の鶴）
武官：麒麟《きりん》・虎・猪・鹿などの獣類
堂上官：双虎胸背（2匹の虎）
堂下官：単虎胸背（1匹の虎）

竜は王族、鳳凰《ほうおう》は王妃以外には許されない。

宮廷官吏の服装と呼称

紅

正一品・従一品・正二品

領議政《ヨンイジョン》（総理大臣）、左議政《チャイジョン》（第１副総理）、右議政《ウイジョン》（第２副総理）と六曹《ユクチョ》の判書《パンソ》（各省庁の大臣）に就き、大監《テガム》と呼ばれた。

従二品・正三品（上階）

まだ大臣になっていない高官で、令監《ヨンガム》と呼ばれた。正三品上階（文官は通政大夫《トンジョンデブ》、武官は折衝将軍《チョルチュンチャングン》の役職）以上は堂上官。

正三品（下階）

正三品下階（文官は通訓大夫《トンフンデブ》、武官は禦侮将軍《オモチャングン》の役職）以下は堂下官。堂上官のような特権はない。

青

従三品～従六品

堂下官。堂上官のような特権はなかった。

胸背《ヒュンベ》
官服の胸や背に入れた階級や官職を表す刺繍文様。写真の胸背は武官の堂下官のもの。

緑

正七品～従九品

参下官《さんげかん》と呼ばれた階級。また、王のそばや、後宮に仕《つか》えた宦官《*かんがん》も緑の官服を着用し、位が上がっても緑のままだった。

（イラストはイメージです）

＊宦官：王族や後宮に仕えるために去勢された官吏。

ひと目でわかる宮廷での階級② 女性篇

宮廷女性の階級差による呼称

王宮には王の后や王の娘などの王族、王の側室、王宮の職務に従事する女官など、大勢の女性が住んでいた。こうした王宮内の女性を**内命婦**《ネミョンブ》、王宮外の王族やその王族に仕える女性、臣下の妻たちなどを**外命婦**《ウェミョンブ》と呼び、どちらの女性にも王族以外は男性官僚と同様に高位の順に一品から九品まで、正と従の18階級の品階があった。このうち、正一品から従四品までが**内官**《ネグアン》と呼ばれる王の側室で、正五品以下が職務や雑事をこなす女官だった。

下位の位から昇進してきた優秀な女官でも、正五品が昇進の限度で、側室として選ばれない限り、従四品以上の高位は望めなかった。

また、品階に応じて、正一品の側室最高の位である「嬪《ピン》」、次位の従一品の「貴人《クィイン》」など、位に応じた固有の名称があり、身分の上下の規律は厳格にされていた。

ただし、正四品の「昭媛《ソウォン》」など品階が低い側室でも、王子を出産すると「嬪」を褒美として与えられ、その王子が王位を継承すると「国母」と敬称され、ときには**「垂簾《すいれん》聴政《ちょうせい》」**をしき、国政をみることもあった。

まれには、政争の犠牲や不品行などによって王妃を廃され、庶民に降格されることもあった。そうした場合、例えば第10代燕山君《ヨンサングン》の母のように廃妃尹氏《ユンシ》と、「廃妃」の呼称がつけられた。

垂簾聴政

幼い王の大妃（母）や大王大妃（祖母）による摂政政治のこと。朝議（会議）などで玉座のうしろに御簾《みす》を垂らして座ったことからこう呼ばれた。

宮廷女性の呼称と服装

王妃

衣装の肩・胸に鳳凰の胸背《ヒュンベ》をつけた。また、黄・紅・赤・紫色の服色とされた。

王妃の呼び名

正妃《チョンビ》…正妻

継妃《ケビ》…正妻が亡くなった後添い

中　殿《チュンジョン》…中殿宮に住んだことから王妃の別称

王后《ワンフ》…諡号《しごう》としての尊称

※子どもが王位に就くと「大妃《テビ》」。孫が王位につくと、王の祖母として「大王《テワン》大妃《テビ》」

側室

正一品～従四品

王妃に準じる豪華な服装を許されたが、胸背はつけない。嬪にのみ王妃と同様の黄・紅・赤・紫色の服色が許された。

側室の品階と呼称

嬪《ビン》（正一品）

貴人《クィイン》（従一品）

昭儀《ソウィ》（正二品）

淑儀《スギ》（従二品）

昭容《ソヨン》（正三品）

淑容《スギョン》（従三品）

昭媛《ソウォン》（正四品）

淑媛《スグォン》（従四品）

女官

正五品～従九品

一般的に内人の服装は、玉色（青緑色）のチョゴリ（上着）に藍色のチマ（スカート）とされたが下働きの水賜《ムスリ》は暗青色の上下など、職種による差もあった。また、布地・髪型・回装（襟・袖・腋下につける布）の数・履物などにも差があった。

女官の呼称

尚宮《サングン》…王宮の女官の最高位（正五品）

内人《ナイン》…女官全体を指す呼称だが、尚宮以下の呼称

（イラストはイメージです）

「祖」「宗」「君」王名の違い

朝鮮王朝の歴代王の呼称には太祖《テジョ》、太宗《テジョン》、燕山君《ヨンサングン》など**「祖」「宗」「君」**と称号の違いがある。

「祖」と「宗」はいずれも死後に治績に応じて後継の国王が王に贈った**廟号**《びょうごう》で、とくに秀でた功績のあった王には「祖」が贈られ、「祖」のほうが「宗」よりも徳が高いとされている。

例えば、太祖は王朝建国の功績から、宣祖《ソンジョ》は壬辰倭乱《イムジンウェラン》から国を守った功績があり、それぞれ「祖」が贈られている。

ちなみに王の薨去《こうきょ》後、王には廟号のほかに**諡号**《しごう》が贈られた。

廟号が国王の位牌を宗廟に祀《まつ》る際の称号で、死後も王としての礼遇を約束されるのに対し、諡号は宗主国（中国）からの「諡（おくりな）」で、治世の評価に基づいた名が贈られた。

一方、「君」という称号は、もともと嫡出（王と王妃の子）の王子である大君の子（王の孫）や、庶出（王と側室の子）の王子に与えられる称号で、決して王を呼ぶものではない。その王子時代の称号である「君」のままで呼ばれる王とは、失政により王位を追われた（廃位された）元国王なのである。

こうした「君」と呼ばれる国王には廟号も諡号もなく、宗廟に祀られることもない。正史である実録の書名も『実録』ではなく、『日記』とされ、記録上でも王としての待遇は受けられない。

抜群の功績を残した王

治世に尽くした
徳の高い王

失政して廃位された
元国王

第2部

朝鮮王朝歴代の王と治世

初代

新王朝を樹立した闘将

太祖

テジョ／たいそ

生存年　１３３５～１４０８（享年73歳）
在位年　１３９２～１３９８（在位６年）

回軍を決意した李成桂（太祖）
『太祖実録』によると、回軍時の太祖の姿は「乗白馬御彤弓白羽箭（白馬に乗り彤弓《とうきゅう》と白羽箭《はくうせん》［白羽の矢］を携えた）」と描写されている。

戦乱の時代が育てた名武将

軍事クーデターによって**朝鮮王朝**を樹立した**李《イ》成桂《ソンゲ》**（**太祖《テジョ》**）は、朝鮮半島北部、**永興《ヨンフン》**に勢力基盤をもつ豪族、**李子春《イジャチュン》**の嫡男として生まれた。

幼いころから武芸を積んだ李成桂は成人するころには優れた武将となり、26歳で父の跡を継いで**高麗**の北方を守る警備司令官の地位に就いていた。

李成桂が成人したころの高麗は北から**女真《じょしん》**、南から**倭寇《わこう》**が襲来し、外敵との争いが絶えなかった。しかし、この戦乱の時代は辺境の軍人だった李成桂には大きな好機となった。

侵入してくる女真に連勝し、１３６１年、＊紅巾《こうきん》賊《ぞく》が高麗に侵入し、首都・開京《ケギョン》が落城寸前にまで追い込まれたときには、二千人の私兵を率い、主都奪還の戦いに参加。開京に一番乗りを果たすという華々しい戦果も上げた。

こうした武功と用兵の才を買われた李成桂は、何人もの武将が失敗している倭寇征伐にも成功し、朝廷内の高級武官としての地位も得て、順風満帆の出世街道を邁進していった。

そうした李成桂に転機がおとずれたのは、１３８８年のことだった。元を倒した明が、元から高麗が接収していた北部地域を割譲するよう命

＊紅巾賊：元末期に反乱を起こした漢族の反乱軍。元に撃退され、高麗に侵入した。

じてきたのだ。

　高麗は前王が暗殺され、**禑王**《ウワン》の代になっていた。禑王は、明が要求する無理な貢物《みつぎもの》にも応じていた。しかし、明が領土割譲を要求するに及んで、ついに反旗を翻した。**崔瑩**《チョヨン》将軍を総司令官、李成桂・**曹敏修**《チョミンス》を副司令官に任命し、遠征軍派遣を決定したのだ。

王に叛かざるを得ないのか

　李成桂は、明討伐に4つの理由（四不可論）を挙げて反対した。

「小を以て大に逆らうのは（忠ではない）一の不可なり。（農繁期の）夏月に兵を発するのは二の不可なり。国を挙げて遠征すれば、倭はその虚（すき）に乗じるだろう。三の不可なり。暑雨（梅雨）によって弓の膠《にかわ》は解け、大軍は疾疫（伝染病）に倒れるだろう。四の不可なり」

　こうした李成桂の奏上にも、王の意思は変らなかった。李成桂はやむなく遠征軍を率いて、明の

太祖肖像
朝鮮王朝の祖となった李成桂には薨《こう》去《きょ》後、建国の偉業を讃える「太祖」の廟号が贈られた。

軍が布陣する**鴨緑江**《アムノッカン》対岸へと進軍を開始した。
しかし、行く手を阻《はば》んだのは敵軍ではなく、長雨だった。軍は何百人もの兵が溺れるなか、ようやく**威化島**《ウィファド》まで進んだが、増水した本流を渡ることができず、雨のなかで何日も駐留を続けていた。しかも、食料の補給は途絶え、雨を吸って重くなった甲冑を着込んだ兵は疲れ果て、逃亡する者も絶えなかった。李成桂はこの窮状を王に訴え、あらためて退却を奏上した。しかし、都の王も崔もこれを聞き入れず、進軍を督促した。この返答に接し、李成桂はついに意を決し、曹敏修と兵たちに告げた。

「上国（明）の国境を侵せば、国や民に災厄が生じる。私が順逆（理）を説いても王や崔は軍の反転を聞き入れない。卿らと王に見《まみ》え、君側の悪人（崔）を除いて、国の災厄をはらおう」

一同は「社稷（国）の安危は公の一身にある。命令に従う」ことを誓い、李成桂は軍を首都・**開**《ケ》**京**《ギョン》に向け反転（回軍）させた。すると、軍が渡りきるまで陸地だった中州に河があふれ、陣のあった場所は水に没していった。兵たちは白馬に跨《またが》った威風堂々たる李成桂に神奇を感じ、兵たちに「*木子が国を得る」という歌が流行《はや》りはじめた。

熱狂的な兵の支持を得た李成桂は、回軍を知った崔瑩の迎撃軍を蹴散らし、開京に入城。崔瑩を流罪にし、禑王を王位から降ろすと、***昌王**《チャンワン》、次いで**恭譲王**《コンヤンワン》を擁立《ようりつ》した。

しかし、当時の高麗では、政治の腐敗と仏教勢力の専横に人々は苦しめられており、民衆と臣下は新しい王による高麗の存続より、腐敗のない新しい国を望んでいた。こうした人々の声に押され、1392年、李成桂は新たに朝鮮王朝を建て、500年続く王朝の玉座についたのだった。

＊木子：木＋子＝李。李氏が国王になるの意。
＊昌王：即位翌年に暗殺され、恭譲王が即位した。

冊封と朝貢

冊封《さくほう》とは中国の皇帝が詔勅《しょうちょく》（冊）を下し、自国の皇族や臣下などに爵位や領地を分け与える（封）ことをいった。これが周辺の国々にも拡大し、中国皇帝に王として承認されることで王権が認められ、属国として国の領地が安堵《あんど》された。

王は皇帝から「誥命《こうめい》（国王の任命書）」と「印信（印綬：印章）」を下賜されて君臣関係を結び、臣下としての儀礼的な行いが要求された。その代表的なものが「**朝貢**《ちょうこう》」だ。

朝貢は貢物《こうもつ》（みつぎもの）を献上し、皇帝に挨拶《あいさつ》することで、冊封された朝*貢国は定期的に来朝し、貢物を献上することが求められた。貢物の献上を「進貢」、貢物の受け入れを「入貢」といった。

朝貢は皇帝の徳をしたって朝貢国が臣下の礼をとって貢物を捧げてきたのであり、皇帝が進貢品の数十倍もの品、回賜《かいし》を下賜するのは、その徳を示すという意味がある。

こうした冊封・朝貢の背景には、儒教思想があり、中国を世界の中心とする中華思想がある。

冊封は東アジア独特のもので、古来、朝鮮、越南（ベトナム）、琉球などが中国を宗主国としていた。ここで、注意しなければならないのは、朝貢国は宗主国の属国ではあるが、植民地ではなく、それぞれの国は独立を承認されていたということだ。

朝鮮半島の冊封の歴史は古く、紀元前2世紀の衛氏朝鮮の王が漢から冊封されて以来、1895年、日清戦争後、清が朝鮮を自主独立の国と認め、冊封関係を事実上解消するまで、2000年の間、朝鮮半島に起こった国々は、中国を宗主国としてきた。

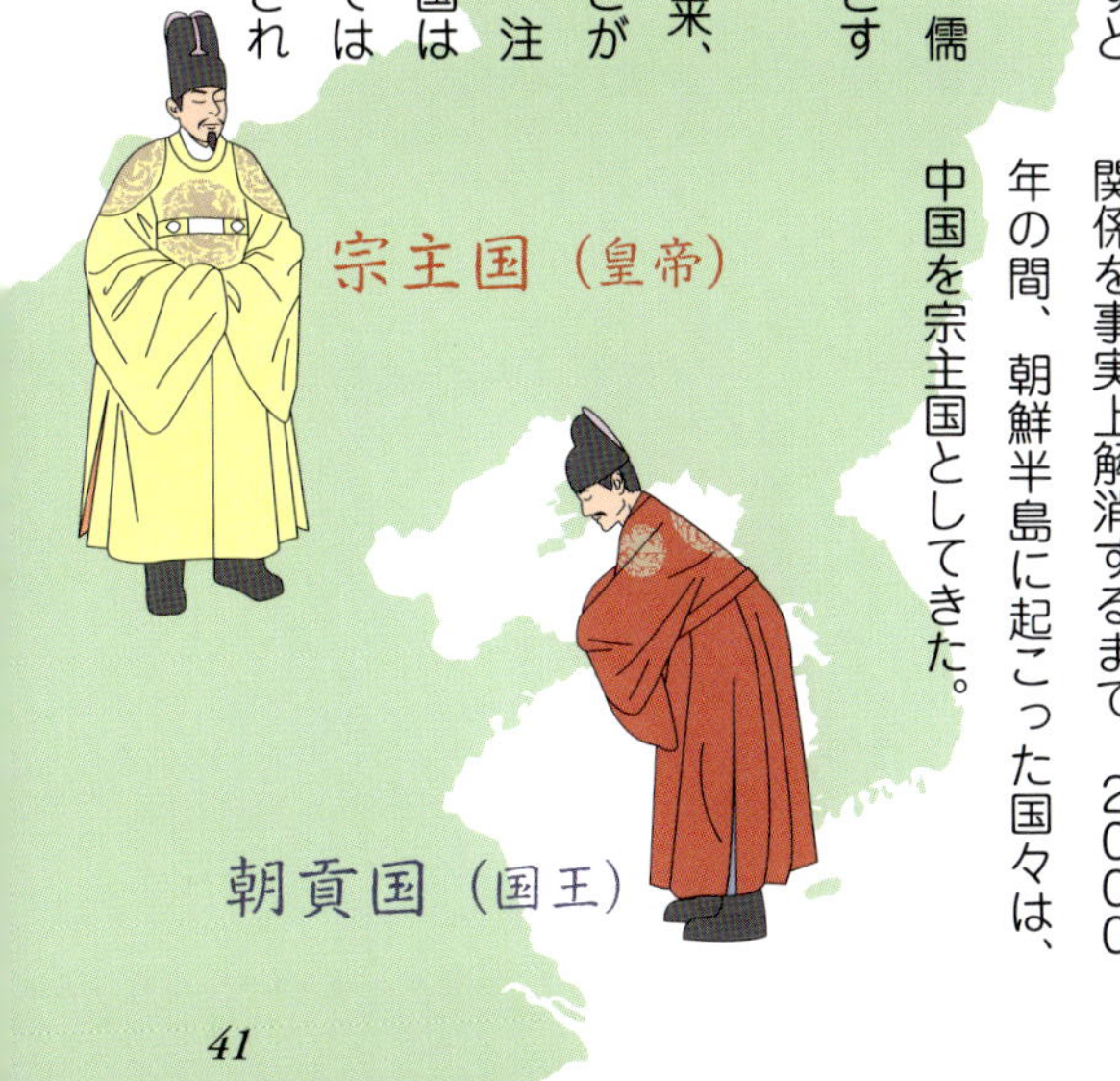

＊朝貢国：冊封されず、朝貢だけをする朝貢国もあった。

太祖② 王位継承問題に嫌気がさした晩年

多難なスタートだった王朝

国民や兵の圧倒的な支持で朝鮮王朝を創始した**太祖**《テジョ》だが、外交や国政のすべり出しは順調なものとはいえなかった。

外交では、宗主国である明との付き合いが最初からぎくしゃくしていた。実は、明は太祖の国王としての**冊封**《さくほう》を拒否したため、太祖は明に対して、権知高麗国事（高麗王代理）の称号しか名乗ることができなかった。

高麗が明の領土割譲要求に反旗を翻したことから、明は高麗を不快に思っており、新たに建国した朝鮮王朝に対しても不信感を持っていたのだ。この朝鮮王朝に対する明の態度は、なかなかあらたまらなかった。明が朝鮮王朝の国王を正式に認めるのは、第3代の**太宗**《テジョン》になってからだった。

また、当時の朝廷内は高麗時代からの旧勢力や政治腐敗の原因となった仏教勢力が数多く残っており、太祖は政治勢力の一新に腐心した。

まず、自分の支持層が儒教官僚だったことから、太祖は**「崇儒抑仏《すうじゅよくぶつ》」**政策を施行し、寺院の無税などの特権を剥奪《はくだつ》して、仏教勢力の力を削いだ。その一方で、都に**成均館**《ソンギュングァン》（儒教教育最高学府）、地方に**郷校**《ヒャンギョ》を設立し、儒教振興につとめ、儒教官僚の育成に力を注いだ。

つぎに、高麗王朝の首都だった開京《ケギョン》から**漢城**《ハンソン》への遷都を断行し、人心を一新した。

王位争いを続ける息子たち

こうして、一歩ずつ国づくりをすすめる太祖だったが、王位継承にはほとほと手を焼いた。

即位後、八男・**芳碩**《バンソク》を世子に決定したが、高麗

争う太祖の息子たち

王位をめぐって、芳遠が芳碩を殺害（第一次王子の乱）。芳幹が芳果を殺害しようとする（第二次王子の乱）など、兄弟は血で血を洗う、激しい争いをくり返した。

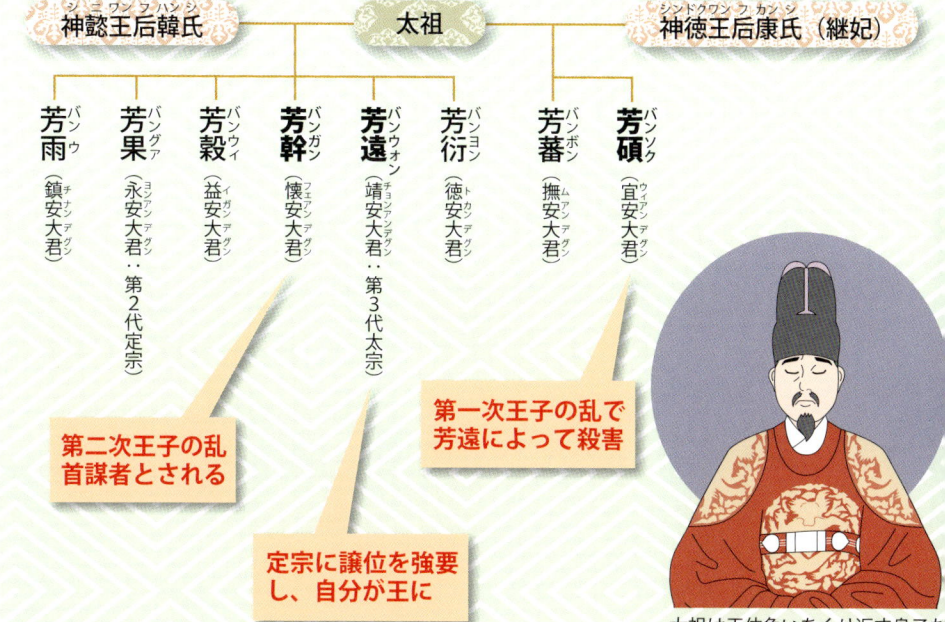

神懿王后韓氏《シニワンフハンシ》 ― 太祖 ― 神徳王后康氏《シンドクワンフカンシ》（継妃）

神懿王后韓氏との子：

- 芳雨《バンウ》（鎮安大君《チナンデグン》）
- 芳果《バングァ》（永安大君《ヨンアンデグン》：第2代定宗）
- 芳毅《バンウィ》（益安大君《イガンデグン》）
- **芳幹**《バンガン》（懐安大君《フェアンデグン》）
- **芳遠**《バンウォン》（靖安大君《チョンアンデグン》：第3代太宗）
- 芳衍《バンヨン》（徳安大君《トカンデグン》）

神徳王后康氏との子：

- 芳蕃《バンボン》（撫安大君《ムアンデグン》）
- **芳碩**《バンソク》（宜安大君《ウィアンデグン》）

第二次王子の乱首謀者とされる

定宗に譲位を強要し、自分が王に

第一次王子の乱で芳遠によって殺害

太祖は王位争いをくり返す息子たちには、ほとほと愛想が尽きてしまった。

打倒の軍功がずば抜けていた五男・**芳遠**《バンウォン》**（第3代太宗）**がこれを不服とし、策謀をめぐらし、芳碩を殺害した**（第一次王子の乱）**。

高齢から病気がちになっていた太祖は後顧の憂いを残さぬよう、この事件の後、ただちに次男・**芳果**《バングァ》を即位させた**（第2代定宗）**。ところが、今度は四男・**芳幹**《バンガン》が私兵を率いて定宗を除こうと挙兵し、芳遠によって鎮圧された**（第二次王子の乱）**。さらに、芳遠は圧倒的な軍事力を背景に定宗に圧力を掛け、無理矢理自分が3代めの王に即位した。

こうした王位をめぐる骨肉の争いに嫌気がさした太祖は、弟に譲位を強要した太宗に玉璽《ぎょくじ》をわたさず、故郷の咸興《ハムフン》にこもった。のちに、太祖は太宗の説得で漢城へと戻るが、この間、咸興に来た使者をすべて切りすて、「咸興差使《ハムフンチャサ》」は「行ったまま帰らない」という故事成語にまでなった。

儒教振興を唱え、仏教の排斥を国是とした太祖だったが、晩年は仏に縋《すが》る念仏三昧の日々を送り、息子たちのゆく末を憂いながら、73歳で薨去《こうきょ》した。

太祖③ 新首都・漢城への遷都

パワースポットに建つ首都

太祖《テジョ》が遷都を決意した首都は、王朝繁栄の願いを込め、選りすぐりの場所に建設された。

最初の候補地には忠清道《チュンチョンド》の新都内《シンドネ》が選ばれ、実際に首都建設の工事もすすめられたが、この地が中国伝来の風水思想の凶地にあたることがわかり、新たな候補地の探索がつづいた。

首都建設地は、**風水思想**から次の2つの条件を満たす場所が求められた。

①**背山臨水**《はいざんりんすい》：背後に山。前方に河や湖沼、海がある地形。

②**四神相応**《しじんそうおう》：平野の四方に山がある地形。こうした地形は、山に天の四方を守る四神、北の**玄武**・東の**青竜**《せいりゅう》・西の**白虎**《びゃっこ》・南の**朱雀**《すざく》が宿るとされている。

この2つの条件を満たす場所は、強い「気」があふれるパワースポットで、子々孫々まで国の繁栄が期待できるのだ。そして、その条件にかなった最適地だったのが**漢陽**《ハニャン》（現ソウル）だった。

漢陽は国土のほぼ中央に位置し、漢江《ハンガン》が平野部の周囲に流れ、水陸両方の交通の便もよい場所だった。さらに、山が襟《えり》のように平野を囲み、河が帯のように流れている土地は「山河襟帯《さんがきんたい》」といわれる自然の要害で、敵の攻撃を防ぐのにも有利な場所だった。

太祖は北岳山《プガクサン》南麓に政治の中心であり、王の住居となる**景福宮**《キョンボックン》を建設し、景福宮の東側に先祖を祀《まつ》る宗廟《そうびょう》、西側に土地の神と五穀の神を祀る**社稷壇**《しゃしょくだん》を設け、漢陽を首都に定め、太祖3年（1394）遷都を断行した。遷都後、漢陽の地名は**漢城**《ハンソン》にあらためられ、500年つづく首都となった。

四神に守られた漢城

漢城は国家繁栄の願いを込めて、四神が四方を守る風水思想の最適地に建設された。

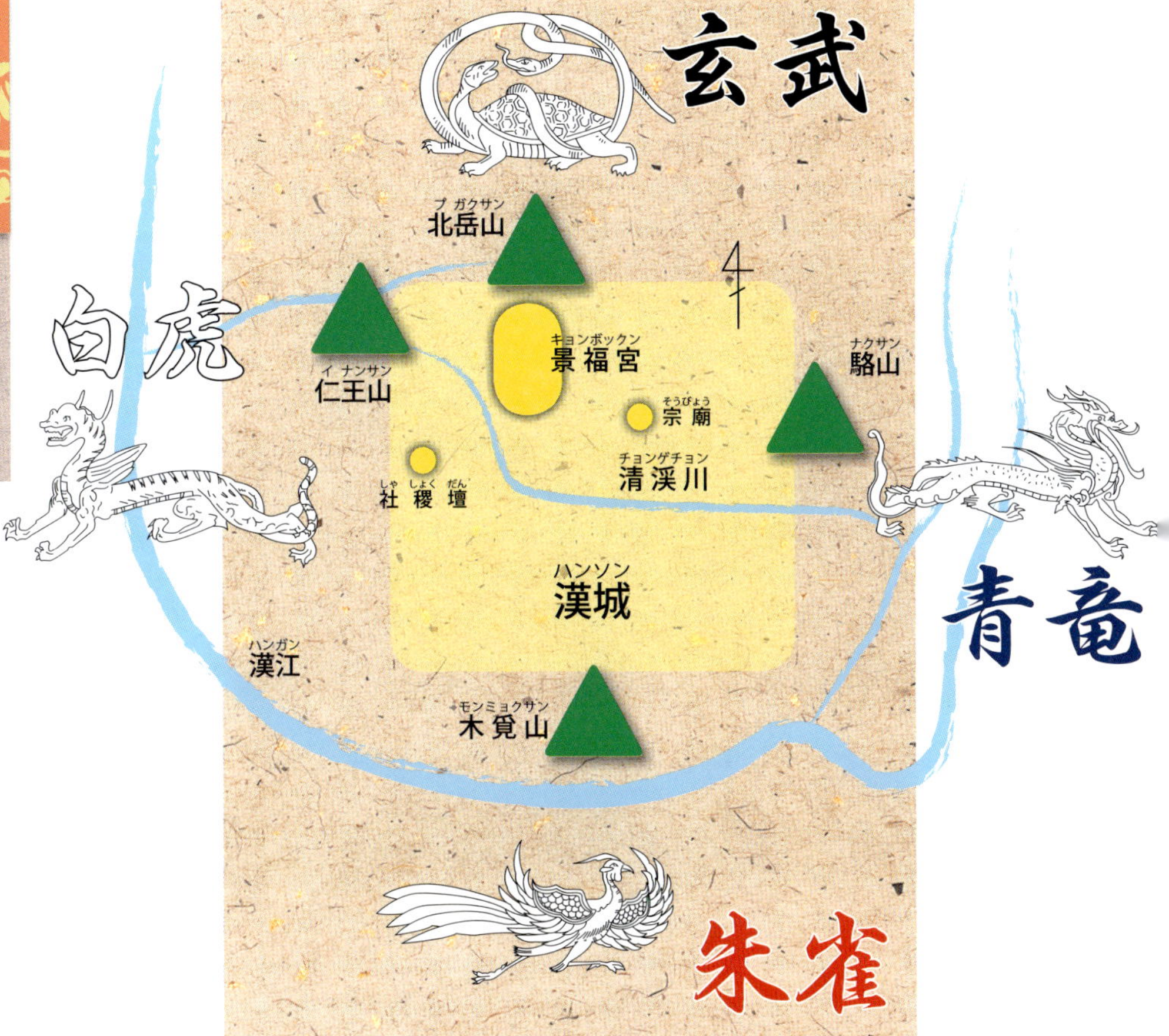

風水思想

古代中国の思想。地形や物の配置で「気」の流れを制御し、吉を呼び込み、凶をしりぞける思想。万物を陰・陽や木・火・土・金・水の５つの要素に分ける「陰陽五行説」などの考え方を用いる。

第二代

望まぬ王位についた王

定宗

チョンジョン／ていそう

生存年　1357〜1419（享年62歳）

在位年　1398〜1400（在位2年）

弟の圧力に屈した譲位

定宗《チョンジョン》（**芳果**《バングァ》）は太祖《テジョ》の次男だったが、もともと王位を望んではいなかった。

儒教思想の原則に従うなら、王位は長男病死後、次男の芳果が継ぐのが筋だが、建国の功労から考えると太祖に次ぐほど、武将として功がある五男の**芳遠**《バンウォン》（**太宗**《テジョン》）の即位が順当だった。

また、芳遠は**第一次王子の乱**の後、最大の軍事力を持ち、圧倒的な力を背景に、王位に野望を燃やしていたことは誰の目にも明らかだった。芳遠を敵にまわすことは、ただちに自らの破滅を意味した。

このため、定宗は即位をすすめられると「開国の功労は靖安君《チョンアングン》（芳遠）にあり、自分は世子にはなれない」とかたくなに王位を固辞した。

開京の南大門《ナムデモン》
定宗は漢城を嫌い、再び開京を首都とした。

しかし、王子たちの争いにイヤ気がさした太祖は、王位を放りだすようにして定宗に与えた。

定宗は即位後、自分と政治思想の違う新興儒教勢力の賛同で遷都した漢城《ハンソン》を嫌い、都を**開京**《ケギョン》に戻した。このほか、救民政策を打ち出すなど、独自の政策をすすめたが、その背後では王位を狙う芳遠の圧力が日増しに大きくなっていった。

そして、四男・**芳幹**《バンガン》が王位簒奪《さんだつ》を目論《もくろ》み挙兵した**第二次王子の乱**があっさりと芳遠に討滅されると、芳遠の勢力は定宗をしのぐほど増大した。

芳遠は王位を譲るよう定宗に迫り、定宗は芳遠を世子に冊立《＊さくりつ》。なんの未練もなく王位を譲った。このとき、呆《あき》れたことに芳遠に言いくるめられた自分の妃・**定安王后**《チョンアンワンフ》までが譲位をすすめたという。

死後も不遇だった定宗

実弟である芳遠を世子にしたのは儒教的な建前から、正統な王であることを証明し、政治的な立場を強化するための処置だった。

王位をしりぞいたあとの定宗は**仁徳宮**《インドックン》に移り、湯治や宴会、狩猟、撃毬《キョック》（毬を使った騎乗競技）などの娯楽に明け暮れた。

一見すると、悠々自適の隠居生活に見えるが、実際は太宗監視下の軟禁状態で、太宗に無用な警戒を起こさせぬための遊興三昧だった。

定宗は退位後、20年を生き、62歳で薨去《こうきょ》した。明から恭靖《コンジョン》の諡号《しごう》を贈られたが、朝鮮王朝では定宗は在位が短く、実権がなかったとして長く宗《そう》廟《びょう》に列せられず、王として待遇されなかった。

第19代**粛宗**《スクチョン》の代になって「罪を犯したわけでもないのに、実に不当」として、粛宗7年（1681）に定宗の廟号が贈られ、ようやく王として認められた。定宗の薨去から262年後のことだった。

＊冊立：王が次期王候補や王妃を正式に定めること。

第三代

王朝の基礎をつくった王

太宗

テジョン／たいそう

生存年　1367～1422（享年55歳）
在位年　1400～1418（在位18年）

太宗が軍事力を掌握するまで

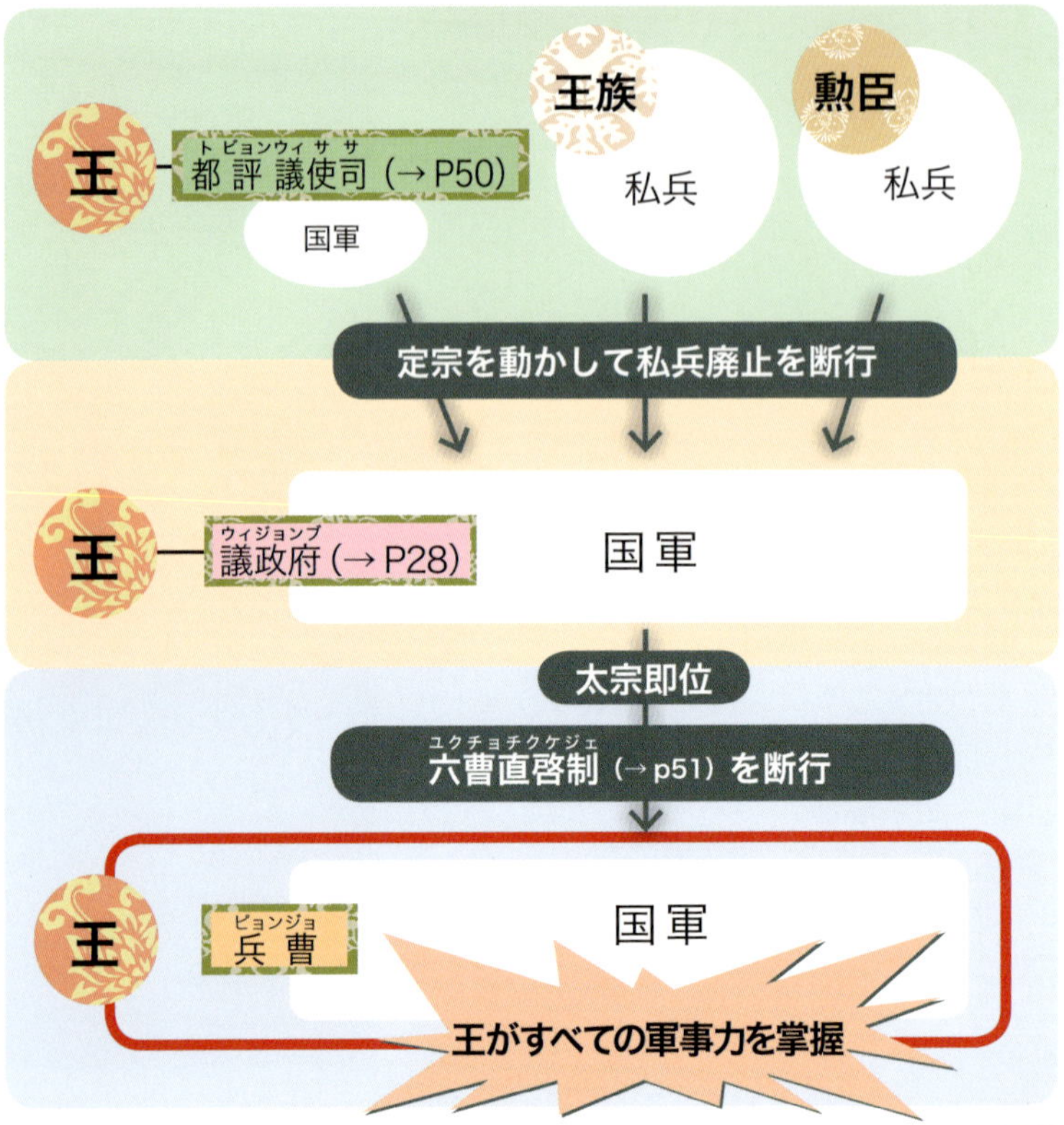

すべての軍事力を我が手に

実の兄の定宗《チョンジョン》から王位を簒奪《さんだつ》するようなまねまでして王になった太宗《テジョン》には、是が非でもやりたいことがあった。それが王権の強化だ。

生まれたばかりの朝鮮王朝は、まだしっかりとした王の支配力がなく、とくに軍事力が弱いため、きわめて不安定な存在だった。

高麗末期から武将たちは独自に兵を集め、私的な軍事力（私兵）を抱えていた。そして、その軍事力の大きな者ほど、政治での発言権が強力になっていた。太祖が朝鮮王朝建国のとき、政治的な実力を発揮できたのもこうした私的な軍事力を持っていたからだし、私兵を抱えている武将たちの力添えがあったからこそ建国できたのも事実だ。しかし、自分が王位を継承する今になって

私兵廃止

以京外軍馬、盡屬三軍府、以爲公家之兵、（中略）以攝人心

「都と地方の軍士と馬をすべて三軍府（国王軍）に所属させて公家の兵となし、人心を安んずることを（望みます）」

『定宗実録』2年4月辛丑（6日）より

太宗が台諫に申し立てさせた私兵廃止の一節

私兵廃止は、太宗が即位する直前に断行された。『定宗実録』では、司憲府と司諫院から定宗に申し立てを行い、それを受けて王世子（芳遠）と相談した定宗がすぐさま断行したと記されている。しかし、この私兵廃止は王家への軍事的脅威を取り除こうと考えた太宗が実施させたというのが通説になっている。

みると、その私兵が王権を脅《おびや》かすものになっていた。

太宗は若いころから父に従って出陣し、倭寇討伐など数々の武功を上げ、**威化島回軍**《ウイファド》にも参戦した武将だった。それだけに、武力の脅威は身をもって知っていた。

太宗が目指す強い王権を確立するためには、まず王族や勲臣たちの私兵を取り上げ、王が軍事力を掌握する必要があった。

丞相時代からの工作

太宗は、定宗の下で丞相（首相）として王位をうかがっていたころから、この**私兵廃止**の工作をつづけていた。まだ王子だった太宗は司憲府《サホンブ》と司諫院《サガンウォン》に働きかけ、定宗に「兵権は国家の大権であり、ないがしろにしておくのは太阿《たいあ》（宝剣）を逆《さか》さまに持ち、人に柄を与えて、切ってくれと言っているようなものです」と私兵廃止を申し立てさせた。

実は、この申し立ては二度目の試みだった。一度目は「不慮の事態に備え、勲臣と宗親（王族）に兵をもたせる必要がある」との議論に押し切られ、私兵廃止は失敗していた。しかし、**第二次王子の乱**を経た今こそ好機だと見た太宗は**台諫**《だいかん》*に「殿下（定宗）は勲臣と宗親に二心はないと仰《おっしゃ》ったが、申し上げたとおり乱がおこったではないですか」とまで言わせ、私兵廃止を強く申し立てさせた。この諫言《かんげん》を受けた定宗が自分のもとに相談に来ると、あらためて私兵廃止の必要を説き、すぐさま施行させた。

こうして太宗は、即位前から着々と事をすすめ、即位後は政治改革を断行し、すべての軍事力を握ることに成功したのである。

＊台諫：官僚の不正を糾弾し、風紀を正す司憲府と王に諫言する司諫院のこと。

太宗② 政治の実権はすべて我が手に

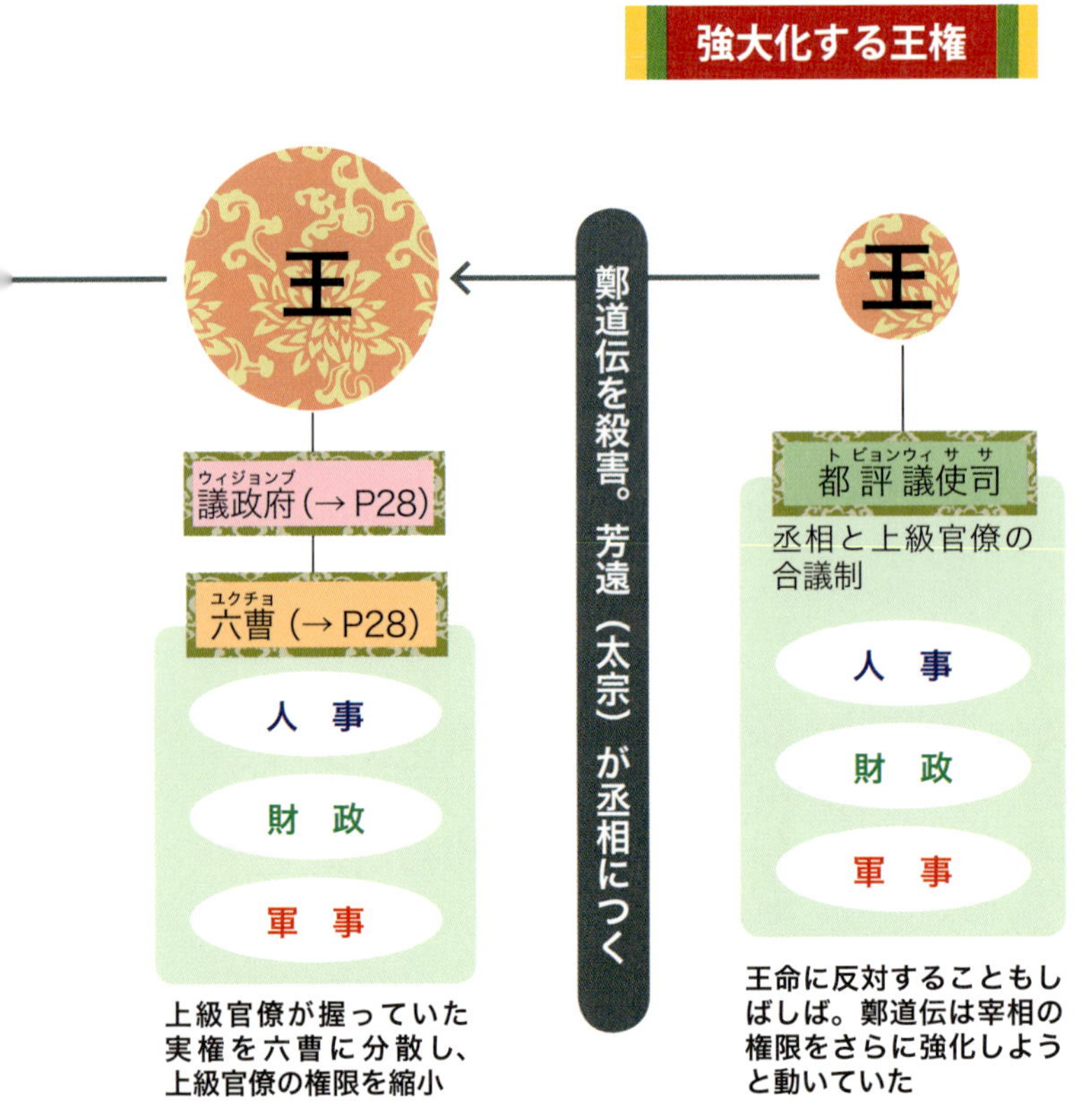
強大化する王権
王
都評議使司《トピョンウィササ》
丞相と上級官僚の合議制
人事
財政
軍事
王命に反対することもしばしば。鄭道伝は宰相の権限をさらに強化しようと動いていた
鄭道伝を殺害。芳遠（太宗）が丞相につく
王
議政府《ウィジョンブ》(→P28)
六曹《ユクチョ》(→P28)
人事
財政
軍事
上級官僚が握っていた実権を六曹に分散し、上級官僚の権限を縮小

権力を骨抜きにされた官僚

強い王権の樹立には、もうひとつやっておくべきことがあった。上級官僚の権力を奪うことだ。

朝鮮王朝の政治機構は高麗をそのまま引き継ぎ、国家の重要な案件は上級官僚が運営する最高政治機関、**都評議使司**《トピョンウィササ》で議論された。このため、王の意に沿わない決定であっても、都評議使司の決議にしたがわなければならないことがしばしばだった。なかでも太宗にとって、目の上のタンコブが、政治的実権を握り官僚中心の政治を推進していた、丞相の**鄭道伝**《チョンドジョン》の存在だった。

太宗は、王権強化のためには手段を選ばなかった。王子時代にまず、第一次王子の乱で鄭道伝を殺害し、丞相につくと都評議使司を**議政府**《ウィジョンブ》へ改組した。

次に都評議使司がもっていた人事・財政・軍事などの権限を**六曹**《ユクチョ》に分散し、新設した議政府の権限を大幅に縮小した。こうして、太宗は着実に政治的実権を官僚から王へと移していった。

そして、即位後すぐに取り掛かったのが王権強化の仕上げである**六曹直啓制**《ユクチョチクケジェ》だった。政治の実行部署である六曹を王の直轄にしたのだ。

国政の運営は議政府で**領議政**《ヨンイジョン》ら三政丞を中心に上級官僚が議論し、王の裁可を経て、六曹に指示を下していた。しかし、この議政府を飛び越え、王が直接、国政を握ろうというのだ。

上級官僚たちは猛烈に反発した。しかし、太宗はこの大胆な行政改革を断行し、六曹の判書《パンソ》（大臣）たちは議政府を通さず、直接王に決済を仰ぐようになった。その結果、上級官僚の権限のほとんどが取り上げられ、王は実権を手中にした。

こうして、太宗は軍事力と政治の実権の2つを一手に握ることで、強力な王権を確立させ、朝鮮王朝の基礎を固めたのである。

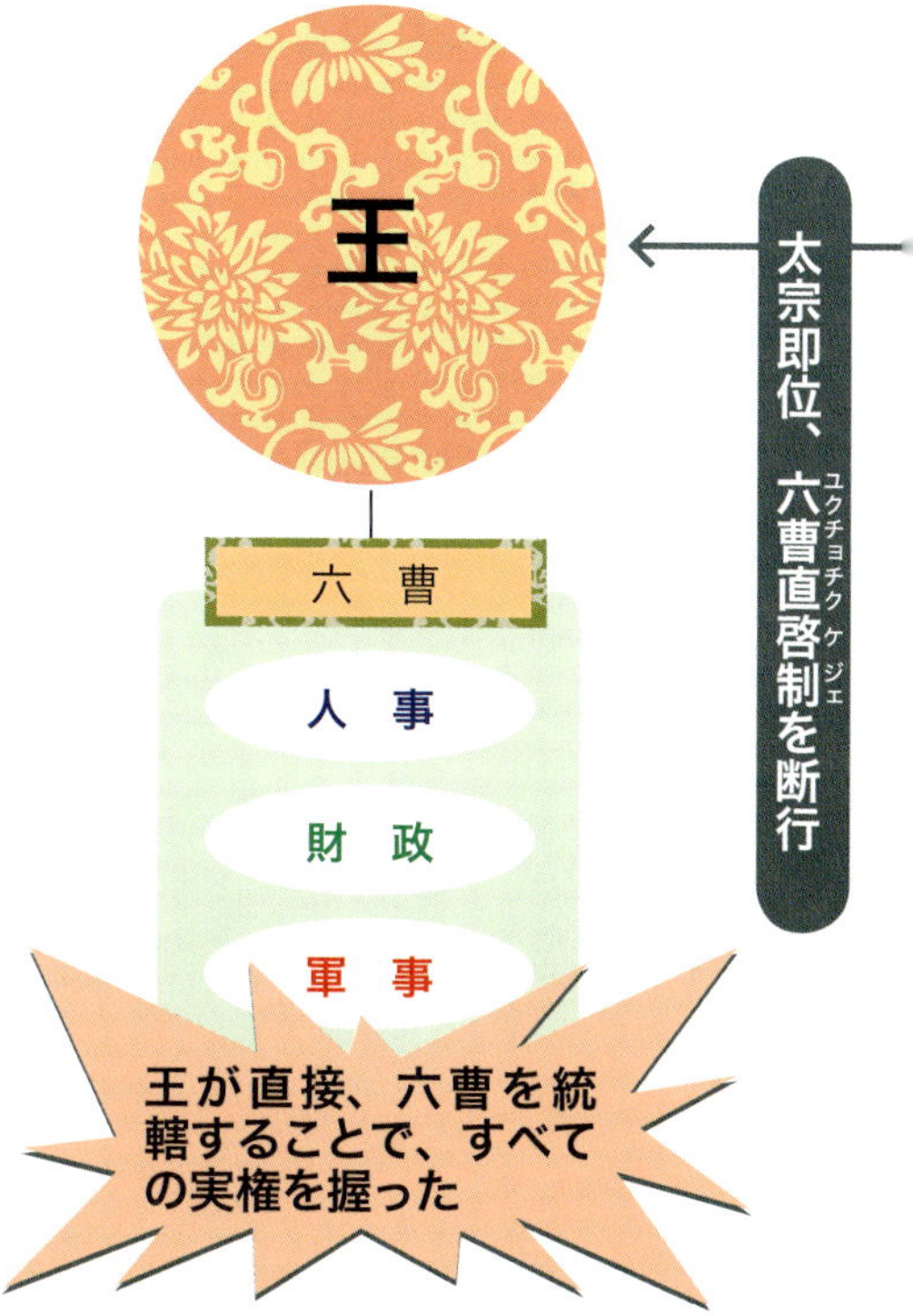

じつは王にとって過酷な六曹直啓制

王が直接、各省庁の報告を受けて判断し、王命をくだす六曹直啓制は、国政を王の思い通りにすることができる。しかし、そこには大きな落とし穴があった。

王の国政業務が途方もない量にふくれ上がるため、王はすさまじい激務に追われることになるのだ。実際に次代の王、世宗は過労で倒れそうになるほどだったという。

六曹直啓制は1455年、第6代端宗《タンジョン》の即位とともに廃止され、議政府と六曹が協議し、王が裁可を下す議政府署事制《ウィジョンブソサジェ》に変更された。

その後、六曹直啓制は弱体化した王権を強化しようとした第7代の世祖《セジョ》によって一時復活するが、その後、再び施行されることはなかった。

太宗③ 外交・国政の卓抜した政治手腕

見事だった太宗の善政

建国の祖、**太祖**《テジョ》は見事に朝鮮王朝を創始したが、**明**との外交はことごとく失敗していた。明から王の証明である誥命《こうめい》と印信が下賜されず、朝鮮王朝は対外的にはまだ正式な国家として承認されないままになっていたのである。

第2代の**定宗**《チョンジョン》も正式な**冊封**《さくほう》を求めたが、在位期間が短く、交渉をつづけることはできなかった。そして、**太宗**《テジョン》の代になり、ようやく正式な冊封を受けることができたのである。

太宗は冊封後も、明との良好な関係を築くために力をそそいだ。

明は当時、王位継承をめぐる内乱の末、**永楽帝**《えいらくてい》が正統な王位継承者を倒し、王位についた。太宗はこうした明の事情を知った上で、永楽帝即位の報《しら》せを聞くと、すかさず祝賀の使者を派遣した。後ろめたい即位であった永楽帝は、いち早く太宗が自分の権威と正統性を重んじてくれたことを喜び、以後、明は朝鮮王朝に対して友好的な態度をとるようになった。これは、相手の心情を読み切った太宗の見事な外交戦術だった。

国政では**崇儒抑仏**《すうじゅよくぶつ》を国是としながらも、太祖が思い切った手を打てなかった仏教政策に大鉈《おおなた》を振るった。僧侶の姦淫、公金横領などの不祥事が明るみに出ると、太宗はこれを機会に12宗あった宗派を7宗にし、全国の寺を２４２寺に整理。寺院の土地や奴婢《ノビ》のほとんどを取り上げた。

こうした仏教弾圧を行う一方で、太宗は儒教奨励策として**文廟**《ムンミョ》を整備し、儒教に則った葬儀・婚礼・朝冠服制などを定め、民間の儒教教化をすすめた。また、儒臣を登用する科挙制度も貴族特権

文廟
孔子や高名な儒学者を祀った祠堂。

をなくし、広く一般に門戸を開いて能力主義の官吏登用に力を入れた。

このほかにも、王が民衆の声を直接聞く**申聞鼓**《シンムンゴ》を設けたり、婦人専門の女医を初めて採用したりするなど、細やかな政治を行った。

混乱した世子選び

こうして国政に尽力した太宗だが、王位継承問題には頭を悩ませていた。長男の**譲寧**《ヤンニョン》**大君**《デグン》がどうしようもない放蕩《ほうとう》息子で、到底、王位を任せられるような器ではなかったのだ。学問嫌いの譲寧大君はたびたび王宮を抜け出しては、女たちと放蕩を重ね、幾度も父に反省文を書いては許しを得ていた。しかし、臣下の妾を妊娠させる大不祥事を起こし、ついに太宗の我慢も限界に達した。激怒した太宗は譲寧大君の世子を廃し、王宮外で謹慎処分とした。

しかし、その後も世子問題は二転三転し、王と王后は「占いで決めるか」と言い出すほど世子選びは難渋した。結局、太宗が賢い人物から選ぶという選択から三男の**忠寧**《チュンニョン》**大君**《デグン》（**世宗**《セジョン》）を世子に指名し、ようやく王位継承問題は決着した。

太宗は51歳で世宗に譲位し、55歳で薨去《こうきょ》した。

申聞鼓
「司憲府また完治を為さざれば、すなわち来て撃鼓すべし（司憲府でも解決しなければ〈申聞鼓〉を打て）」『太宗実録』
民は冤罪や不当な判決には、申聞鼓を打って王に直訴することができた。

第四代

王朝史上最高の名君

世宗

セジョン／せそう
生存年　1397～1450（享年53歳）
在位年　1418～1450（在位32年）

世宗肖像画

王道政治を貫いた王

世宗《セジョン》は**太祖《テジョ》**が建国し、**太宗《テジョン》**が基盤を固めた国に、儒教の理想とする王道政治を展開した。後年、世宗は「**海東の堯舜《ぎょうしゅん》**＊」と称されるほどの善政をしき、政治・経済・文化・社会全般にわたって輝かしい業績を残した。現在でも王朝史のなかで、世宗は最高の名君と讃えられることが多い。

実際、世宗の治世は儒教が教える「国を経《おさ》め、民を救う」という経国済民の考えが貫かれていた。そして、こうした理想政治を実現するために、世宗がまず着手したのが王道政治の推進力となる人材を育成する**集賢殿《チッピョンジョン》**の設置だった。

集賢殿には文科の及第者から、とくに優秀な者を選出して登用し、政治制度や学問の研究にあたらせた。また、職務を離れて有給で研究に専念できる**賜暇読書《サガドクソ》**の制度も設け、極めて専門性の高い知識を身につけた臣下の育成にもつとめた。

こうして整備された集賢殿は世宗の諮問のほか、経筵《けいえん》（儒教の講義）の監督、外交業務の補助、科挙の施行、書籍の収集・研究・刊行など国政全

＊堯舜：堯と舜は中国の伝説上の王。徳をもって国を治めた理想的な王。

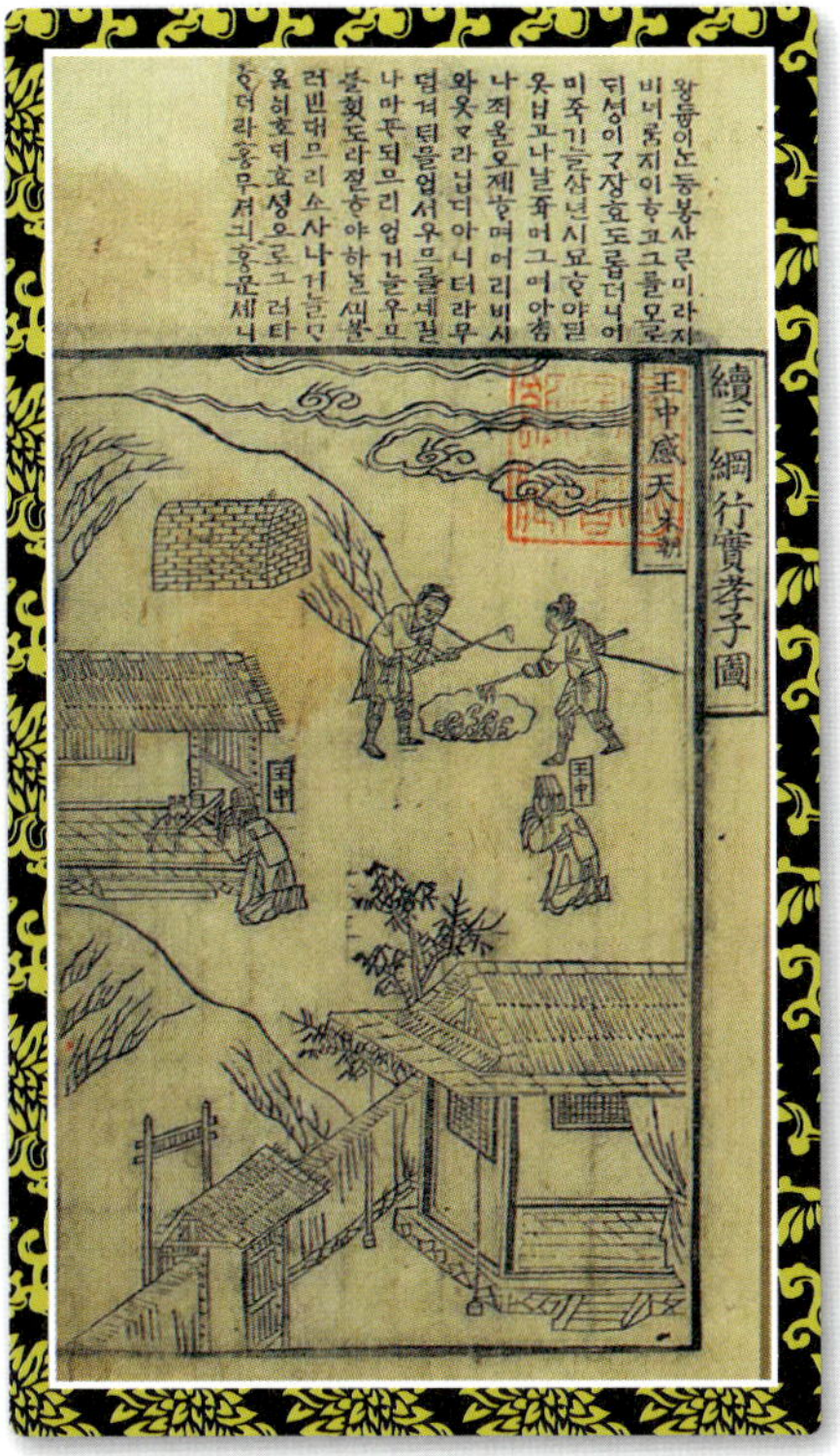

『三綱行実図』
儒教の根本思想、三綱（忠臣・孝子・烈女）の模範をしめして解説した道徳書。漢字を読むことが難しい民のために、絵で説明した。ハングル制定後は、絵の上段にハングルの説明を入れた。
（『続三綱行実図』国立国会図書館所蔵）

般にわたるさまざまな業務を担当した。また、集賢殿出身者を**六曹**《ユクチョ》などほかの官庁にも栄転させ、行政組織の隅々《すみずみ》にまで、儒教知識層を配置した。

便民こそ政治の基本

実際の施政でも世宗は臣下に便民（民の利便）を強調し、民に強制を強いる圧制ではなく、民を導く施策を行うよう下命している。

こうした世宗の考え方は、大罪条項の配布を議論した臣下との対話によく現れている。

世宗は民が自《みずか》らの行動をいましめるために、禁法（罰則条項）の配布を指示するが、臣下は「民が罪の大小を知れば、かえって法を犯す者や、訴えを起こし、上の者を陥《おとしい》れる者がでる」と抗弁した。これに対して世宗は「（民に）知らしめることなく罪を犯させるのが正しいと言うのか。禁法を知らしめ、畏《おそ》れ遠ざけるよう導くのが理に適《かな》う」と、臣下の民を疎《おろそ》かにする権威的な考え方を正し、民を教化、指導する施政の方針を断固、臣下に徹底させた。

また、世宗は民の儒教教化にも力を注いだ。その代表的なものが、儒教の精髄を説いた**『三綱行《さんこうこう》実図《じっず》』**の配布だろう。

『三綱行実図』は晋州《チンジュ》で起こった実の息子の父親殺害を聞いた世宗が、孝行の徳が衰えた世情を憂い、民間の儒教教化によって世情を正すため刊行した。

世宗②　花開く文化の黄金時代

王政の是非をしめす天候

世宗《セジョン》が集賢殿《チッピョンジョン》を設置し、専門家に研究の機会と資金を与えたことで文化政策でも続々と成果があがった。

　自然科学の分野では自然現象の解明のため、天文・気象の観測に力がそそがれた。

　天文・気象は、2つの理由から王にとって重大な関心事だった。ひとつは、農作業の日程や凶作の備えなど農事を決定するため。もうひとつは、異常な天候は王の徳失や失政への忠告であるという儒教的な自然観（災異観）により、王政の是非を知るために、常に天候を観察しておかなければならなかったからである。

　また、当時の天文の知識は、中国の『暦書』に頼っていたため、緯度・経度の違う朝鮮では天体運行や季節などでズレが生じていた。

そこで、自前の暦書を作成するため、さまざまな観測機器も発明された。

　宮中の工匠から抜擢され、明に学んだ**蒋英実**《チャンヨンシル》（↓p138）が**渾天儀**《ホンチョニ》などの天体観測機器や**仰釜日晷**《アンブイルグ》（日時計）、**測雨器**（雨量計）などを製作し、同時に集賢殿で天文理論と文献の研究がすすめられ、朝鮮王朝独自の暦書が作成された。

『**農事直説**』
農民たちの経験則が農業技術の知識となった。

ソウルを見守る
世宗の銅像

1万ウォン札の世宗肖像

復元された王朝時代の渾天儀
天文・気象は農作物の収穫予測だけではなく、王の政治の良し悪しを天が告げる国家の重大関心事でもあった。

多方面の政策・文化振興策

国の主要な財源である農業生産物の増産も、基礎的な知識の集積によって達成された。

湿地開拓など、先進的な農業を行っていた三南《サムナム》地方（慶尚道《キョンサンド》・全羅道《チョルラド》・忠清道《チュンチョンド》）の農業技術を『**農事直説**《ノンサチクソル》』にまとめ、ほかの地方に配布した。

これによって水稲の連作技術など、朝鮮独自の農法が全国に広がり、収穫量が増加していった。

また、世宗はこうした知識を普及させるための出版活動にも力を注いだ。

金属活字はすでに太宗のころからあったが、印刷でがたつきが出る、字体がよくないなど、不完全なところがあった。世宗は、こうした**活字**や**印刷技術**の改良を命じ、歴史書、医学書など、さまざまな分野の知識を書籍という形で広めた。

文化面では、建国以来の懸案事項だった「楽（音楽）」の整備がすすんだ。

儒教では、即位や式典など、儀式の場では礼に合った楽が定められており、楽は儒教国家の体面を守るうえで極めて重要なものだった。そこで、世宗は朴堧《パクヨン》に命じ、**雅楽**《アアク》（中国古来からの楽）や**郷楽**《ヒャンアク》（朝鮮の民俗音楽）を整理させ、楽譜の制作、正確な音階や新しい楽器を完成させるなど、楽を整備し、儒教国家としての威儀を正したのだ。

こうした世宗の広範な文化振興策により、王朝にはかつてない文化の黄金期が到来した。

民衆のために王道政治を貫き、多くの成果を残した世宗は在位32年、53歳で薨去《こうきょ》した。

世宗③ 民の文字を創製した『訓民正音』

王自身がつくった文字

世宗《セジョン》はさまざまな功績を立てた名君だが、最も大きな功績は、民衆のための文字、**ハングル**の創製だろう。

朝鮮にはハングルが制定されるまで独自の文字がなく、漢字で朝鮮語を表記する「**吏読**《りとう》」を用いていた。しかし、吏読には、まず漢字を習得する必要があり、知識人には可能でも庶民には無理があった。また、吏読ではすべての朝鮮語の発音を正確にしめすことができず、蒙古や日本など周辺国の外国語を学習するのにも不便があった。

そこで、世宗はこのような問題を克服し、庶民にも学びやすく、自国語を正しく表記する文字としてハングルを考案した。

当初、この文字は「**訓民正音**《フンミンジョンウム》」（民を訓［おしえみちびく］正しい音［ことば］）と命名され、「ハングル（偉大な文字）」という呼び名は20世紀初頭の言語学者、周時経《チュシギョン》が命名したといわれている。

文字に託した王の願い

世宗は公布した『訓民正音』の序に「言いたいことがあってもその意思を表現できない」民のためにこれをつくったと目的を掲げ、「智恵ある者は一朝にしてこれを理解し、愚者も10日間で学ぶことができる」とハングル習得を奨励している。

世宗は、ハングル公布後、ハングル訳の書物を読んだ民から忠臣や孝子、烈女が出ることを願って、儒教書や仏典などのハングル訳書籍を刊行させた。また、科挙にもハングルの問題を加え、官吏にも広めようとした。

しかし、こうした世宗の願いは模範をしめすべ

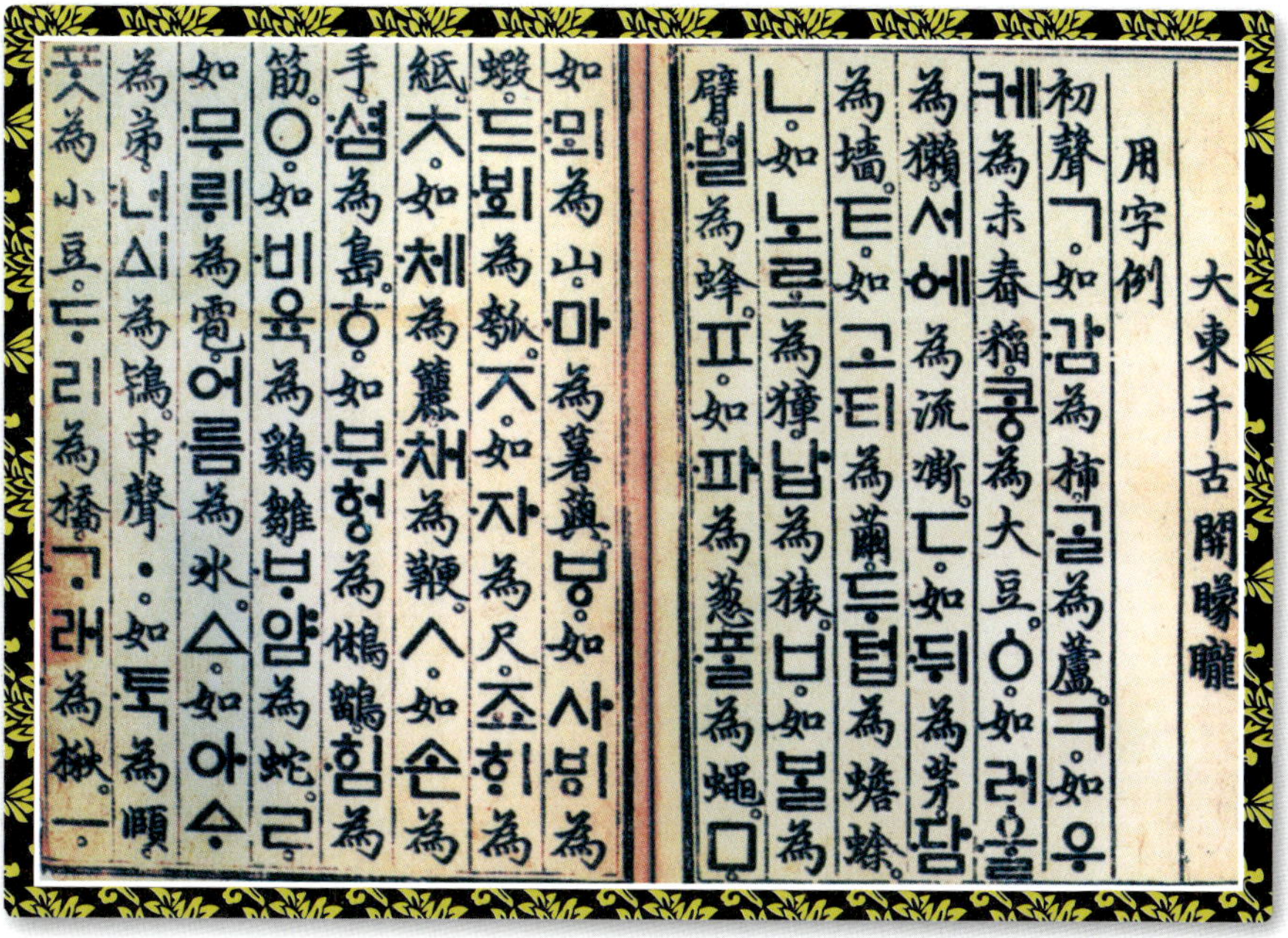
大東千古開矇矓
用字例
初聲ㄱ。如감爲柿。ᄀᆞᆯ爲蘆。ㅋ。如우
케爲未舂稻。콩爲大豆。ㆁ。如러ᅌᅮᆯ
爲獺。서ᅌᅦ爲流凘。ㄷ。如뒤爲茅。담
爲墻。ㅌ。如고티爲繭。두텁爲蟾蜍。
ㄴ。如노로爲獐。납爲猿。ㅂ。如ᄇᆞᆯ爲
臂。벌爲蜂。ㅍ。如파爲葱。ᄑᆞᆯ爲蠅。ㅁ。
如뫼爲山。마爲薯藇。ㅸ。如사ᄫᅵ爲
蝦。드ᄫᅴ爲瓠。ㅈ。如자爲尺。죠ᄒᆡ爲
紙。ㅊ。如체爲簏。채爲鞭。ㅅ。如손爲
手。셤爲島。ㅎ。如부ᄒᆡᆼ爲鵂鶹。힘爲
筋。ㅇ。如비육爲鷄雛。ᄇᆞ얌爲蛇。ㄹ。
如무뤼爲雹。어름爲氷。ㅿ。如아ᅀᆞ爲
弟。너ᅀᅵ爲鴇。中聲ㆍ。如톡爲頤。
ᄑᆞᆺ爲小豆。ᄃᆞ리爲橋。ᄀᆞ래爲楸。一

『訓民正音』
原本は木版／ 33 丁／韓国国宝第 70 号／ユネスコ世界記録遺産
1940 年ごろ慶尚北道安東《キョンサンブクドアンドン》の古い建物から発見されたものが唯一の現存本。写真は後代のもの。

き士族や両班《ヤンバン》官僚などには届かなかった。彼らは漢字を尊び、ハングルを諺文《オンムン》（卑俗な文字）と称して蔑《さげす》み、進んでハングルを使おうとしなかった。

公布をめぐっては、反対派の急先鋒である**崔万**《チエマ》**里**《ルリ》が「ハングルの使用は中国や儒教を軽んじ、我が国の文化を消し去ることになる。蒙古や日本など独自の文字を使うのは夷狄《いてき》（未開国）だからだ」など、いくつもの反対理由を述べた。

世宗はこれに対して、便民（民の利便）を考えずに反対する崔万里を叱りつけるなど、朝廷内で激しい議論の応酬があったことが実録に記されている。

ハングルは公布後、民間には普及していったが、公用文での使用は１８９４年の甲午改革《カボゲヒョク》以後のことになる。

ブックガイド

『訓民正音』
趙義成訳　東洋文庫　平凡社
ハングル解説書「訓民正音」のほか、ハングル公布に反対した「崔万里等諺文反対上疏文」などを併載している。

第五代

女性運がなかった不運の王

文宗

ムンジョン／ぶんそう

生存年　1414～1452（享年38歳）
在位年　1450～1452（在位2年）

とんでもない王妃たち

文宗《ムンジョン》は**世宗**《セジョン》の長男。7歳で世子に冊立《さくりつ》され、29年間世子で過ごした。この間、8年間老いた父王の摂政をつとめ、36歳で王位についた。

文宗は世宗の王道政治をそのまま継承し、儀礼を尊び、法制の整備、臣民の儒教教化の充実を通じて社会を安定させる文治政治を志した。

為政者として国政を着実にこなした文宗だが、儒教国家の王としての子孫繁栄の努力は女性運に見放され、うまくいかなかった。

文宗の初婚は18歳のとき。相手は安東金氏《アンドンキムシ》の家系につらなる金五文《キムオムン》の娘、**徽嬪金氏**《フィビンキムシ》。文宗より年上の21歳だった。文宗は結婚当初から徽嬪金氏とお互いの考えや性格が違うため気心が合わず、好きになれなかったようだ。後宮でも徽嬪金氏を遠ざけ、近づこうとしなかった。一方、徽嬪金氏は執拗に王の寵愛《ちょうあい》を得ようとし、極端な努力を重ねた。ヘビが交尾の際に漏らした精が媚薬《びやく》になると聞けば手ぬぐいに浸《ひた》し、持ち歩いて王の気を誘おうとした。しかし、こうした常軌を逸した行動が世宗に知れるや、世宗は王妃の品位に欠けるとして徽嬪金氏を実家に戻した。金五文はこれを恥辱として、戻ってきた徽嬪金氏を絞殺し、自《みずか》らも命を絶った。

二人目の結婚相手は**純嬪奉氏**《スンビンポンシ》。しかし、再婚相手は気が強いだけではなく、気性が荒く、やはり文宗が気に入るような女性ではなかった。顔を合わせるのも苦痛な文宗は彼女を避けているうちに、新たに後宮入りした側室、**権氏**《クォンシ》を寵愛するよ

慶会楼《キョンフェル》
文宗が活躍した景福宮《キョンボックン》にある宴会場。国王と臣下が参席する重要な宴会や外国使臣の接待に使われた。

顕陵《ヒョンヌン》
文宗が眠る王陵。王陵のそばには最愛の妻が眠る顕徳王后陵がある。

うになった。

王からの寵愛が望めなくなった純嬪奉氏は酒に溺れるようになり、権氏の妊娠を知るや自分も妊娠したと虚偽を申し立てるなど、異常な振る舞いが目立つようになった。しかも、宮女との同性間の醜聞《しゅうぶん》が世宗に知れ、ついに純嬪奉氏は廃妃。実家へと戻された。

短命だった最愛の妻

文宗は跡継ぎを産んでくれた権氏を嬪《ビン》に昇格させ、権氏は**顕徳嬪**《ヒョンドクビン》と称した。女児を出産した顕徳嬪はその後、待望の男児も出産。このひとり息子が次代の王、**端宗**《タンジョン》となる。

2度の結婚に失敗し、ようやく気心を通わせる女性に出会うことのできた文宗だが、最愛の顕徳嬪は端宗を出産した翌日に23歳の若さで産褥死《さんじょくし》してしまった。文宗は顕徳嬪を忘れることができず、後宮に側室はいるものの、顕徳嬪が亡くなったあとも新たな妃を選ぶことはなかった。

文宗は即位後、病弱だったこともあり在位2年で薨去《こうきょ》。廟号は世宗を支えた摂政時代の孝行心から、臣下らは「孝宗」を候補にあげたが、議論の末、さらに多くの徳を持っていた王として「文宗」の名が贈られた。文宗に世継ぎを授け、若くして逝去した顕徳嬪には顕徳王后《ヒョンドクワンフ》の名が追尊された。

第六代

若くして命を奪われた悲劇の王

端宗

タンジョン／たんそう

生存年　1441〜1457（享年16歳）
在位年　1452〜1455（在位3年）

昌徳宮
太宗が離宮としてつくった宮殿。譲位した端宗はこの昌徳宮に軟禁状態にされた。写真は昌徳宮の大造殿《デジョジョン》。

王権をめぐる叔父たちの策謀

文宗《ムンジョン》の死後、11歳で即位した**端宗**《タンジョン》は、強力な後ろ盾もなく、激しい権力闘争の場である王宮に丸裸で放り出された。

王も大妃も亡くした端宗にとって、頼みの綱は父王が後事を託した**金宗瑞**《キムジョンソ》と**皇甫仁**《ファングボイン》の2人の大臣だけだった。しかし、目の前にたやすく手に入る王位があれば、これを奪おうとする者が現れるのはどうすることもできなかった。端宗の即位とともに2人の叔父、**首陽大君**《スヤンデグン》（世宗の次男・のちの世祖《セジョ》）と**安平大君**《アンピョンデグン》（世宗の三男）が王位をめぐって激しい争奪戦をはじめたのだ。

当時、首陽大君は最大の派閥を率いていたが、これを牽制しようとする大臣たちが安平大君についたことで王宮内の勢力は安平大君に大きく傾い

荘陵《チャンヌン》
江原道・寧越《ヨンウォル》にある端宗の王陵。流刑後、この地で賜死を命じられ没した。

ていた。劣勢を挽回するために、首陽大君の腹心である韓明澮《ハンミョンフェ》は「世が急変するときは文臣より武臣の力が必要になる」ことを説き、表向きは弓術大会を装った懇親会をたびたび開き、集まった武臣たちを次々に取り込んでいった。

事態が急変したのは、安平大君がクーデターを起こすという噂が流れた端宗元年（1453）10月のことだ。

噂を聞きつけた首陽大君は安平大君が挙兵する前に、先手を打って決起しようと謀《はか》った。ところがこの情報が漏れ、慌てた首陽大君は急遽《きゅうきょ》、兵を挙げた。まず、議政府《ウィジョンブ》の重鎮だった安平派の金宗瑞を自宅で惨殺し、時をおかずに端宗のもとに赴いて、謀反に走った大臣がいると告げ、王命により全大臣を王宮に参集させた。集まった大臣を前に首陽大君は、謀反の罪をなすりつけ、その場で皇甫仁をはじめとする安平派の大臣たちをことごとく殺害。安平大君は捕らえられ、江華島《カンファド》へ流されたのち、賜死*となった（**癸酉靖難《ケユジョンナン》**）。

譲位しても救われなかった命

こうして王宮から反対勢力をすべて排除した首陽大君は、王族が本来つくことのできない領議政《ヨンイジョン》や兵曹《ピョンジョ》などのトップの要職を独占し、官僚組織も自分の息のかかった官吏らで埋めた。

首陽大君が権力を手中にした王宮内では、端宗は叔父の言いなりになるしかなかった。しかも、金宗瑞、皇甫仁ら側近が首陽大君の策謀によってすべて無実の罪で殺害されており、端宗は自分の身にも危険が迫っていることを知った。もはや、自分の命を守るためには、叔父に王位を差し出すしかなかった。

端宗は在位3年目で首陽大君に王位を譲り、自分は上王として**昌徳宮《チャンドックン》**にしりぞいた。しかし、翌年、のちに**死六臣《サユクシン》**（↓p140）と呼ばれる臣下らが端宗の復位運動を起こすと、巻き添えとなり、庶《ソ》*人《イン》に降格され、江原道《カンウォンド》に配流《はいる》。その後、賜死《しし》を命じられて16歳の若さでこの世を去ったのである。

＊賜死：王命による自殺。賜薬（毒薬）のほか縊死も行われた。
＊庶人：無位無官の者。

第七代

強力な王権をふたたび

世祖

セジョ／せいそ

生存年　1417～1468（享年51歳）
在位年　1455～1468（在位13年）

国家の危難には豪胆な王を

世祖《セジョ》は**世宗**《セジョン》の次男で、王位継承の原則、長子相続制によって王位は望むべくもなかった。それを、世祖は暴挙ともいえるやり方でもぎ取った。**癸酉**《ケユ》**靖難**《ジョンナン》で反対勢力を一掃し、年若い甥の**端宗**《タンジョン》に圧力をかけ、無理やり王位を譲らせたのだ。即位後も端宗の復位運動に加担した者はすべて排除し、朝廷にはもはや世祖に表立って楯突く者はいなくなった。

世祖は、即位に当たって「国家の危難を鎮めるためには、豪胆な王が必要である」と自分の即位の正当性を宣言し、王による強権政治を目指した。

世祖の目から見れば、これまでの王朝は病弱な文宗、幼い端宗と2代の弱い王が即位し、この間に力を蓄えた官僚が、王の意思を軽んじる官僚政治を展開しているようにしか見えなかった。

世祖が考える強い王による統治には、国政を一挙に塗り替える大胆な改革が必要だった。

世祖はまず、王権強化に成功した太宗に倣《なら》って、王が直接、行政施策の決定を行う**六曹直啓制**《ユクチョチクケジェ》（↓p51）に改める行政改革を断固した。次に、官僚の輩出機関である集賢殿《チッピョンジョン》や官吏が王に経書を講義する経筵《けいえん》を廃止。王に諫言《かんげん》を行う司憲府《サホンブ》や司諫《サガンウ》院《オン》の機能も大幅に弱体化させた。

こうして官僚の勢力を削ぐ一方で、世祖は王命の伝達・履行を行う**承政院**《スンジョンウォン》の機能を増大させるなど、王権強化策を次々に実施した。王の権力が日増しに大きくなるにしたがって、官僚の権限は縮小し、みるみるうちに官僚主導の政治は後退していった。

世祖はこのほかにも、行き詰まっていた従来

王の即位式（再現）
世祖は、こうした即位などの儀式の作法も『国朝五礼儀』に記録させ、制度化することで朝鮮王朝の威儀をしめし、国威発揚に活用できるよう整備した。

の*科田法《クァジョンポプ》を改め、現職官吏のみに土地の徴収権を与える**職田法**《チックチョンポプ》を施行した。

また、国防の要である軍事力強化のために**軍制を改革**し、地方の兵馬節度使《ピョンマチョルトサ》（司令官）はその地方出身者ではなく中央から派遣するよう改め、王が直接地方の軍事まで掌握した。

こうした世祖の強権発動に圧迫された地方豪族・李施愛《イシエ》による大規模な反乱（**李施愛の乱**）もあったが、世祖は朝鮮王朝史上、ほかに類を見ないほど強力な王権を手中にし、君臨した。

さらに、世祖は法整備にも力を入れ、王朝の基本法典となる『**経国大典**《キョングクテジョン》』の編纂を開始させた。『経国大典』は2代後の成宗《ソンジョン》の代に完成するが、これは歴代王の事績のなかでもひときわ目だつ大きな功績となった。また、強力な王権を後代に伝えるために王の模範となる事例を集めた『**国朝宝鑑**《ククチョボガム》』や国家秩序の儀礼を説いた『**国朝五礼儀**《ククチョオイエウィ》』の編纂をすすめさせた。

＊科田法：現職の有無を問わず官位官職保持者に土地の収租権を与える制度。

世祖② 仏教に救いを求めた晩年

甥の殺害を悔いた世祖

朝鮮王朝は**崇儒抑仏**《すうじゅよくぶつ》を理念としたが、実際は仏教に心の拠りどころを求める王が少なくなかった。

世祖《セジョ》も、そうした仏教を信奉する王の一人だった。世祖は王子時代に実母である昭憲王后《ソホンワンフ》の冥福を祈るため釈迦の一代記を著作したり、仏典をハングルに訳したりするなど、仏教について造詣を深めていた。

即位後には、仏典を刊行する**刊経都監**《カンギョントガム》を臨時に設置し、ハングル版の仏典、29種を刊行し、世祖自身が口訣《こうけつ》（漢文を朝鮮語式に読み下すための符号）をつけた『法華経』なども製作した。また、世宗が36カ所に限定した寺の数を50カ所に増やすなど、世祖は仏教に手厚い保護を与えた。

そして、こうした世祖の仏教保護政策で最大のものとなったのが**円覚寺**《ウォンガクサ》の建立だろう。

漢城《ハンソン》にあった高麗時代からの名刹、興福寺《フンボクサ》を整備し、新たに門や本堂などを建設した。その工事には兵も動員され、それでも足りず、世祖は、工事参加者に身分の上下を問わず褒美を下すと公示したため、おびただしい人員が集まったという。本堂の規模は「8万枚の瓦葺き」というから、日本の浅草寺に匹敵する巨刹だったことがわかる。

一説には、ここまで世祖が仏教に熱心になったのは、甥の端宗《タンジョン》に対する非道な行いを振り返り、後悔にさいなまれ、仏の慈悲にすがろうとしたためではないかと伝えられている。

しかし、こうした仏教の興隆はほんのひとときのもので、世祖が亡くなると、仏教はふたたび弾圧され、王宮にかかわる寺のみが細々と生き延びるだけになった。

世祖が建立した円覚寺

世祖が建立した円覚寺の遺物
仏教を擁護した世祖は、広壮な円覚寺を建立した。しかし、世祖の死後、仏教はふたたび弾圧され、円覚寺は第10代の王、燕山君《ヨンサングン》が妓生との遊興の場とするなど、荒廃していった。その後、復興される機会もなく、多くの建造物は失われた。現在、円覚寺の跡地はタプコル公園（パゴダ公園）となり、当時の寺の面影を残すものは石塔（円覚寺址十層石塔）と碑石のみとなっている。

タプコル公園全体（上）と公園入口
円覚寺の跡地は現在、公園となっている。

円覚寺址十層石塔
大理石製・高さ12m
現在はガラスケース内に収められている。

大円覚寺碑
公園内にある円覚寺建立の来歴を記録した記念碑。

王族に悩まされた若い王

睿宗

イエジョン／えいそう

生存年　1450～1469（享年19歳）
在位年　1468～1469（在位1年）

政権均衡に苦慮した若い王

睿宗《イエジョン》は**世祖**《セジョ》の次男で、兄の懿敬世子《ウィギョンセジャ》が病死したため、7歳で世子に指名された。18歳で即位したが、机上で帝王学を学んだだけで、実際の政治経験はまったくなく、後見となった**貞熹王后**《チョンフィワンフ》が朝鮮王朝で初めて**垂簾聴政**《すいれんちょうせい》(↓p34)を行った。また、未熟な王を補佐するため、重臣たちが合議・決裁を行う**院相制**《ウォンサンジェ》がしかれ、睿宗は王后と重臣、いわば2つの摂政のもとで国政に当たった。

当時の王宮は**韓明澮**《ハンミョンフェ》と**申叔舟**《シンスクチェ》ら**勲旧派**と***李**《イ》 **浚**《ジュン》(**亀城君**《クイソングン》)と***南**《ナム》**怡**《イ》ら**王族派**の、2大勢力の対立の場となっていた。とくに王族たちは世祖の王権強化策によって重用され、若年にもかかわらず、国政の重要な地位を占めていた。亀城君は27歳で領《ヨン》議政《イジョン》（首相）に、南怡は26歳で兵曹判書《ピョンジョパンソ》（国防大臣）についていた。

こうした王族の勢力は、勲旧派をしのぎ、睿宗の王権を脅《おびや》かすほど大きくなろうとしていた。睿宗は3名だった院相の定員を10名に増員し、増設したポストに勲旧派を登用することで王族派を牽制するなど、勢力バランスに苦労していた。

改竄された実録記事

しかし、こうして睿宗が勲旧派勢力の増強を画策している最中《さなか》、睿宗元年（１４６９）に当の勲旧派が前代未聞の事件を起こした。絶対不可侵の『朝鮮王朝実録』の記録に勲旧派の史官である**閔**《ミン》**粋**《ス》が改竄《かいざん》の手を加えたのだ。

閔粋は世宗時代に史官を兼任しており、当時の史草に「韓明澮が王に逆心を抱いている」という主旨の記録を残していた。ところが今、韓明澮は

＊李浚：父は世宗４男の臨瀛大君璆（イミョンテグンタ）。
＊南怡：祖父が太宗４女の貞善（チョンソン）公主と結婚。

垂簾聴政
若く未熟な国王の摂政として、王后が国王の玉座のうしろに御簾を垂らし、臣下の意見を聴き国政を行った。

勲旧派の実力者となり、閔粋はこの記述が露見することを恐れ、法を犯して史草に手を加えたのだ。閔粋の不正な書き換えはほかの史官によって発見され、ただちに睿宗に報告された。

睿宗の前に引き出され、尋問を受けた閔粋は、史草改竄の理由を「一人息子の自分は命を繋ぎ、一族の血統を継ぐため、大臣（韓明澮）を恐れた」と答え、この閔粋の弁解に睿宗は「勲臣を恐れても、王は恐れぬと言うのか」と激怒した。

閔粋の罪は死罪に相当するものだった。しかし、睿宗は閔粋に死罪を科すことはできなかった。閔粋に極刑を下すことで、勲旧派全体の粛清《しゅくせい》へと事件が発展することを恐れたのだ。

睿宗は閔粋を公奴婢《コンノビ》に落とすに留め、ごく限られた者たちだけを処罰することで、事件の決着をつけた。こうした睿宗の判断の裏には、王族派の勢いを抑え、政権のバランスを取るためには、是が非でも勲旧派の協力が必要だという王権が弱体化した王の苦しい事情があった。

睿宗②　腹黒い臣下の言葉を信じた王

彗星は王権転覆の兆し

睿宗《イエジョン》の短い治世のなかで、最大の事件が兵曹判《ピョンジョパン》書《ソ》だった**南怡**《ナムイ》が起こした謀叛だ。

南怡は名家、宜寧南氏《ウィリョンナムシ》の生まれで、祖父が太宗の四女と結婚し、王の外孫にあたる。早くから豪《ごう》放磊落《ほうらいらく》な武臣として知られ、**李施愛**《イシエ》**の乱**（↓p65）の鎮圧で抜群の武功を上げた。『世祖実録』には「向かうところ敵は寸断され、その間、四、五本の矢が当たったが、泰然《たいぜん》として表情も変えず」猛進したと、南怡のすさまじい戦いぶりが記録されている。しかし一方で、南怡は世祖の国喪中にも酒色にふけるなど、隙の多い人物でもあった。

南怡謀叛の報告は、南怡と同様に李施愛の乱で重用されるようになった**柳子光**《ユジャグァン》からもたらされた。

当時、天には古来、「古きを除き、新しきものが出る」天変の兆《きざ》しとされた彗星が現れていた。南怡と柳子光がともに王宮の夜間護衛の宿直についていたとき、南怡が「（彗星が現れ）国に大事が起こり、人心が乱れ惑う機に奸臣が乱を起こせば、我らは犬死を免《まぬが》れない」と言い、奸臣として右議政《ウイジョン》の金国光《キムグククァン》をはじめとする敵対勢力である勲旧派の官僚の名を挙げ連ねた。

柳子光はこの南怡の言葉を朝廷に告げ、「南怡に謀叛のくわだてあり」と睿宗に上奏した。

謀略にはまった南怡

睿宗は、もともと武臣としてははなばなしい功績を持ち、父王・世祖に愛されていた南怡を嫌っていた。そのせいもあって、睿宗は王の前に引き出され、無罪を主張し、柳子光の誣告《ぶこく》（虚偽の報告）

神となった南怡将軍
南怡の魂を鎮め、忠節を讃えるため神として祀られている。

を訴える南怡の言葉を聞かず、忠臣であった韓《ハン》明澮《ミョンフェ》を陥《おとしい》れようとして流罪になったこともある柳子光の言葉のほうをそのまま信じてしまった。

南怡は逮捕され、両足の骨さえ砕かれる拷問の末、ついに謀叛を認めさせられた。南怡の口から30名以上の共謀者の名が明かされたというが、そのほとんどが王族派に連なる上級官僚だった。

南怡をはじめ共謀者らはただちに処刑。その家族も奴婢《ノビ》に落とされたり、左遷されたりした。

この事件によって王族派の勢力は大きく削がれ、以後、勲旧派が政権の中心となった。

南怡の謀叛は、柳子光の讒訴《ざんそ》（虚偽の密告）であり、勲旧派の謀略だったと考えられ、第23代純《スン》祖《ジョ》の時代に、南怡の子孫の訴えによって、南怡とともに共謀者らも名誉が回復された。

また、無念の死を遂げた南怡は民衆の同情を誘い、南怡将軍として神格化され、祠堂に祀《まつ》られ、現在も多くの人の信仰を集めている。

謀叛を疑われた南怡の漢詩

李施愛の乱鎮圧後、南怡が白頭山でつくった詩。「未だ国を平らげず」の言葉が謀叛の証拠とされた。

白頭山石磨刀尽
豆満江波飲馬無
男児二十未平国
後世誰称大丈夫

白頭山の石は刀を磨き尽きてしまい
豆満江の水は馬が飲み無くなった
男児二十歳にして未だ国を平らげず
後世誰が大丈夫（立派な男）と称えるだろう

背景写真は白頭山の風景

第九代

祖母が守った王権　成宗

ソンジョン／せいそう

生存年　1457〜1494（享年37歳）
在位年　1469〜1494（在位25年）

王位継承権第3位で王へ

成宗《ソンジョン》（**者山君**《チャサングン》）は世祖《セジョ》の長男・懿敬《ウィギョン》（徳宗《トクチョン》）と昭恵王后韓氏《ソヘワンフハンシ》の間に生まれた次男で、王位継承問題が起こったときは、まだわずか12歳だった。王位継承権は第3位で、本来なら者山君が王位を継ぐことはありえないはずだった。しかし、そこに祖母（世祖妃）・**貞熹大妃**《チョンヒテビ》の思惑が働いた。

王位継承候補の第1位は睿宗の次男・**斉安大君**《チェアンデグン》だったが、まだ3歳で即位には無理があった。第2位は者山君の実兄・15歳の**月山大君**《ウォルサンテグン》。相続制の原則に従えば、当然即位は月山大君で決まりだった。しかし、月山大君、者山君のいずれの王子が即位しても貞熹大妃は幼い王子の摂政として**垂簾**《すいれん》**聴政**《ちょうせい》（→p34）をしかなければならなかった。そのとき、王権安定のためには自分だけではなく、政界に強力な権力をもつ後ろ盾が必要だった。

幸い、者山君は10歳で勲旧派の実力者である**韓**《ハン》**明澮**《ミョンフェ》の次女（のち**恭恵王后**《コンヘワンフ》）を正妃に迎えており、即位後には韓明澮の強力な後見が期待できた。韓明澮にとっても、者山君の即位は望むところだった。義父として外戚政治を行い、権力を維持・安定させるには絶好の機会になる。2人の思惑はぴったりと重なった。

貞熹大妃は王位指名を要請されると、「斉安大君は幼く、月山大君は虚弱。それに比べ者山君は気性、度量ともに太祖《テジョ》陛下に比肩すると世祖《セジョ》陛下が申し述べていた」とし、者山君を王に指名した。

この貞熹大妃の王位指名は、韓明澮はもちろん、閣僚の申叔舟《シンスクチェ》、具致寛《クチグァン》ら政界の権力者たちにも支持され、即座に決定された。しかも、睿宗《イエジョン》薨去《こうきょ》後、その日の内に即位の儀式がすすめられ、ほかの大

成宗を支えた大妃

貞熹大妃と韓明澮の２大権力者が手を組み、朝廷の権力バランスを成宗優位へと大きく傾けた。

成宗の王位継承順位

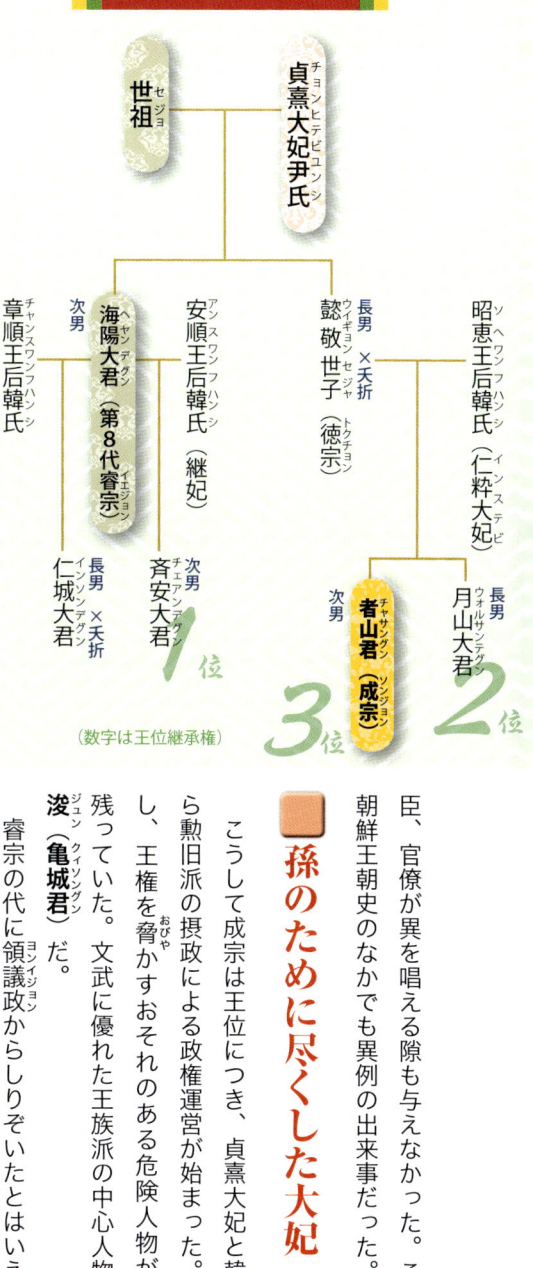

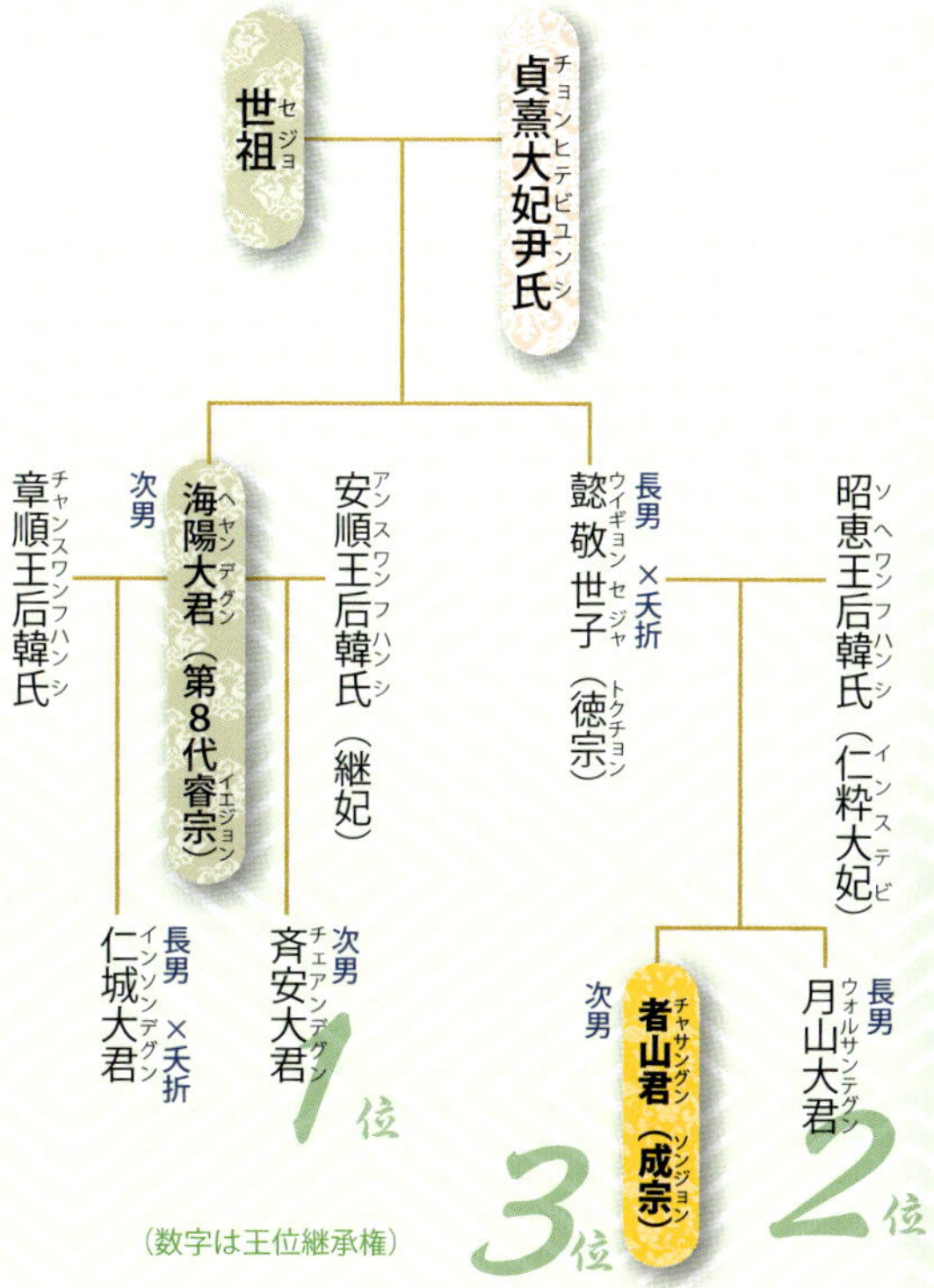

臣、官僚が異を唱える隙も与えなかった。これは朝鮮王朝史のなかでも異例の出来事だった。

孫のために尽くした大妃

　こうして成宗は王位につき、貞熹大妃と韓明澮ら勲旧派の摂政による政権運営が始まった。しかし、王権を脅《おびや》かすおそれのある危険人物がまだ残っていた。文武に優れた王族派の中心人物、**李《イ》浚《ジュン》（亀城君《クィソングン》）**だ。

　睿宗の代に領議政《ヨンイジョン》からしりぞいたとはいえ、人望の高い李浚をそのままにしておけば、成宗は王権を簒奪《さんだつ》された端宗《タンジョン》の二の舞になるとも限らない。そんなとき、大臣や台諫《だいかん》から李浚に謀叛の疑いありとする弾劾が起こった。

　貞熹大妃はただちに李浚の身柄を拘束し、慶尚《キョンサン》道寧海《ドヨンヘ》への流罪とした。李浚は10年後、軟禁された配流地《はいるち》で死去した。

　こうして祖母の力によって王権を脅かす者が一掃されたのち、成宗は19歳で親政をはじめた。

成宗② 文化黄金期をつくった名君へ

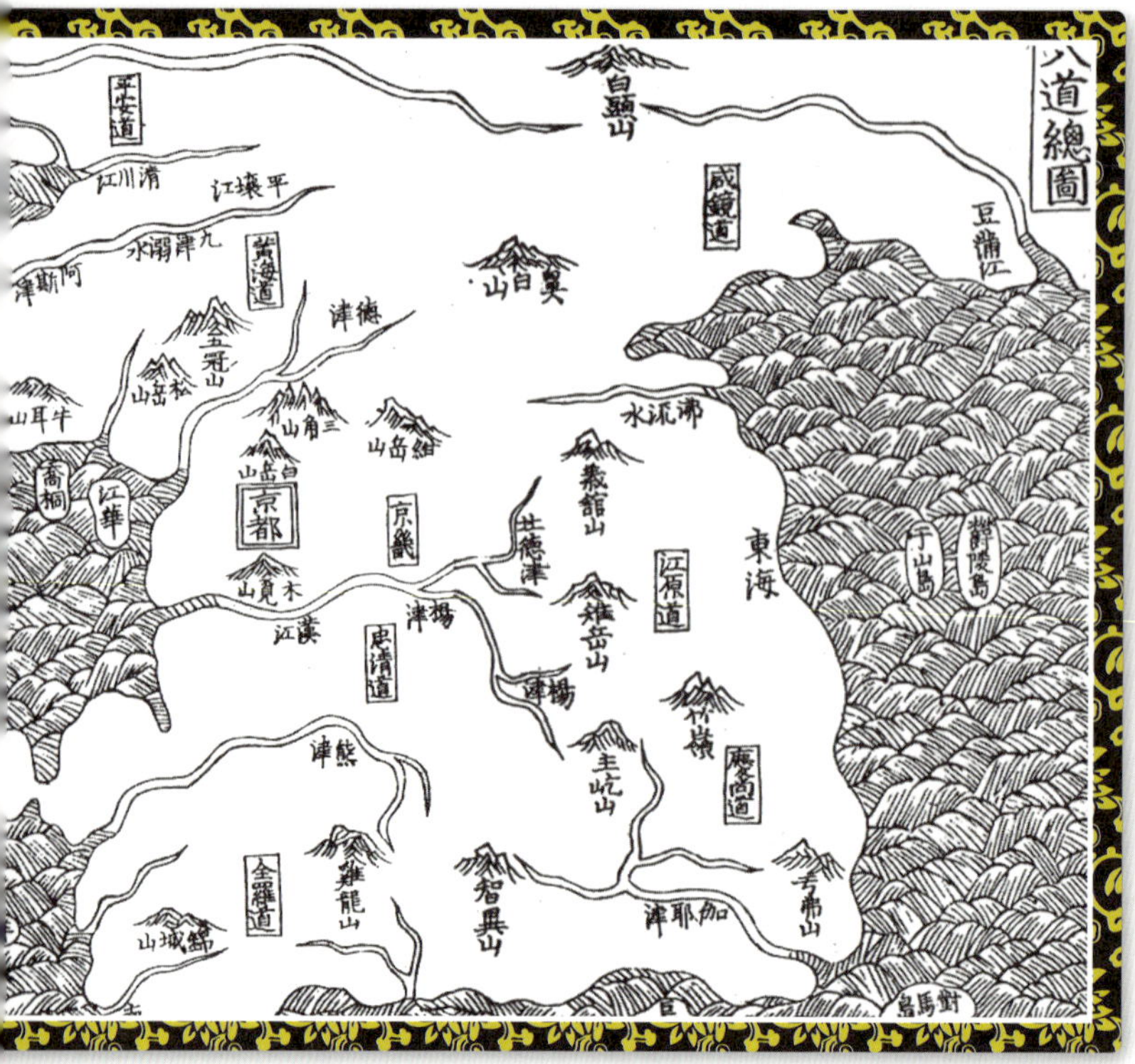

『東国輿地勝覧』
朝鮮半島全国総図と各道地図からなる地理書
写真は『新増東国輿地勝覧』から八道総図（復元本）。

王道政治による繁栄

摂政時代につぶさに国政の運営を見、学んできた**成宗《ソンジョン》**は名実ともに王になると、すぐさま救国済民に徹した王道政治に乗り出した。

まず、祖母が後見として、やむなく政権に引き込んだ勲旧派の権力を分散させるため、勲旧派で独占していた六曹《ユクチョ》の参判《チャムハン》（副大臣）を自分の手足となる側近に入れ替えた。これが、のちに政権内で大きな党派となる**士林《サリム》派**＊のはじまりだった。

成宗は士林派の登用によって、勲旧派を牽制し、拮抗した勢力バランスの上に王権を安定させた。

また、学問を奨励し、集賢殿《チッピョンジョン》を**弘文館《ホンムングァン》**として復活させ、世宗《セジョン》時代に創始された**賜暇読書《サガドクソ》**（学問研究のための有給休暇）を再度、実施した。こうした成宗の学問振興策は多数の専門家を輩出し、

＊士林：大地主出身が多い勲旧派に比べ、地方出身の中小地主である在地両班が多く、朱子学を信奉していた。

成宗時代に編纂、刊行された書籍

『楽学軌範』
朝鮮半島の音楽の歴史・伝統音楽・伝統楽器などを掲載。
写真は伝統楽器・玄琴《コムンゴ》の演奏風景。

それぞれが活躍の場を与えられることで王朝に文化の黄金期が到来した。

遊興にふけった晩年

また、軍事においても成宗は大いに腕を振るった。鴨緑江《アムノッカン》を渡り、国境を越えて**女真《じょしん》族**の本拠地に遠征し、これを討滅。さらに、豆満江《トゥマンガン》地域の女真族の集落も征伐した。この二度にわたる大規模な遠征の結果、建国以来、絶えず侵入に悩まされていた女真族は一掃され、ようやく外敵の脅威が取り除かれた。

　こうした成宗の治世は、政治・経済・社会がかつてなく充実し、建国以来最も安定した太平の世が開かれた。しかし、一方で太平の世は頽廃《たいはい》した風潮を生み出す弊害《へいがい》ももたらした。名君として名高い成宗だが、晩年は遊興にふけることも多くなり、とくに女性問題、王妃をめぐっては問題が多発し、次の世に**燕山君《ヨンサングン》**という暴君を生み出す原因まで残してしまった。

第十代

王朝史上最悪の暴君

燕山君

ヨンサングン／えんざんくん

生存年　1476～1506（享年30歳）
在位年　1494～1506（在位12年）

嫉妬で身を滅ぼした尹氏

王朝史上、最悪の暴君である**燕山君**《ヨンサングン》は、**成宗**《ソンジョン》と継妃・**尹氏**《ユンシ》との長男だった。次代の王になる長子を出産した尹氏の将来は、何事もなければ、国母となり、順風満帆のはずだった。しかし、もともと嫉妬深い彼女は、この性格が災いして自分自身を破滅させてしまった。

発端は燕山君出産後、成宗の寵愛《ちょうあい》が2人の側室、**鄭貴人**《チョングイイン》と**厳貴人**《オムグイイン》に移ったことにある。尹氏はこれが妬《ねた》ましく、また、側室に子ができることをはばむため、毒殺を計画した。ところが、これが発覚し、王の知るところとなった。尹氏の部屋からは毒を塗った干し柿と砒素《ひそ》が発見され、側室が子を産めないように念じる妖術の本まで出てきたのだ。

事件は死罪に値するものだが、周囲の意見を入れ、成宗は王后を嬪《ピン》に降格するにとどめた。ところが、尹氏の嫉妬は収まらず、逆上のあまり、王の顔をひっかいて傷をつける大事件を起こした。成宗自身の怒りはもちろんだが、義母の**仁粋大妃**《インステビ》は激怒し、廃妃を強く求めた。これに鄭氏《チョンシ》と厳氏《オムシ》、それに勲旧派らの臣下が加勢したことから、成宗は重臣の反対を押し切って、尹氏を廃妃にした。

秘された母の死の真相

ようやくこれで尹氏の事件は収まったかに見えたが、廃妃から3年後、燕山君を世子に推す議論が起こると、廃妃尹氏への同情論が出てきた。

尹氏の復帰によって、報復されることを恐れた仁粋大妃と側室たちは、「尹氏は廃妃後も反省せず、行いを改めようともしない」などと、成宗にさんざん讒言《ざんげん》を吹き込んだ。この報告に憤慨した

成均館《ソンギュングァン》内の明倫堂《ミョンニュンダン》
のちに暴君となった燕山君によって成均館は一時廃止された。

燕山君即位までの経過

1476年	燕山君誕生	
1479年	尹氏廃妃	燕山君3歳
1482年	尹氏賜死	燕山君6歳
1483年	燕山君世子冊立	7歳
1494年	燕山君即位	18歳

尹氏の廃妃論は仁粋大妃が成宗に訴え、側室の鄭貴人・厳貴人が支持した。韓明澮《ハンミョンフェ》ら勲旧派と金宗直《キムジョンジク》らの士林《サリム》派も同調し、尹氏の廃妃が決まった。

成宗は、とうとう尹氏に賜死《しし》を下してしまった。

自業自得とはいえ、王宮内の政権抗争から死に追いやられた尹氏は、このときまだ20代後半だった。成宗はのちに尹氏の賜死を悔いているが、このとき自分が息子、燕山君の暴政の火種をつくってしまったことなど知る由もなかった。

尹氏の廃妃、賜死は成宗によって厳重に伏せられ、燕山君は実母の死の真相を知らないまま成長し、7歳で世子に冊立された。しかし、燕山君には王位を継ぐ資質はほとんどなかった。世子の身分になっても毎日、遊びほうけ、成宗が呼びつけても仮病でごまかし、書類の決裁をさせてもまったく使い物にならなかった。

ほかに王位を継げる年齢に達した男子がいなかったため、成宗は燕山君を廃嫡することもできず、息子の将来を案じながら37歳で早世した。

成宗は死を予感したころ、燕山君に「即位当初は、院相を任命し国事にあたるよう」言い残した。

王位を継いだ燕山君は、18歳で即位した。

燕山君② 暴君の誕生〈戊午士禍〉

士林を襲った筆禍事件

曲がりなりにも国政に従事していた**燕山君**《ヨンサングン》が暴君となるきっかけになったのが、**戊午士禍**《ムオサファ》だった。

事件は燕山君の治世4年目、『成宗実録』の編《へん》纂《さん》過程で起こった。

この年、**李克墩**《イグクトン》を責任者として実録の編纂が開始されたが、李克墩は史官の**金馹孫**《キムイルソン》の史草に、世《セ》祖《ジョ》が端宗《タンジョン》から王位を簒奪《さんだつ》したことを揶揄《やゆ》したともとれる**金宗直**《キムジョンジク》の発言を見つけた。さらに、世祖の王妃の喪中に、李克墩自身が妓生をはべらせていたことを批判する記事も発見し、実録に自分の恥を書き付けた金馹孫に恨みと怒りを燃やした。

当時、宮中の勢力は士林《サリム》派である金宗直一派が大勢を占め、李克墩たち勲旧派はすみに追いやられていた。李はただちに同じ勲旧派の柳子光《ユジャグァン》らにはかり、士林派を一掃するため、金宗直が実録に世祖を誹謗《ひぼう》する記事を書いたと燕山君に訴えた。

燕山君は即位以来、政務や施策で自分に逆《さか》らいつづける士林らを疎《うと》ましく思っており、日ごろの鬱憤《うっぷん》を晴らすかのような容赦ない処罰を下した。

すでに死去していた金宗直は*剖棺斬屍《ブグァンチャムサ》に処し、著作はことごとく焼きすてられた。金馹孫ら金宗直の弟子たちは、見せしめとして、処刑後、臣下らの眼前で四肢を切断し、顔を背《そむ》けた者も処罰された。また、金宗直の記事を知りながら見過ごした史官らも罷免《ひめん》、流罪、家産没収など、重罰を受けた。

この事件で士林派は失墜《しっつい》し、政権は勲旧派や外戚派が握った。また、戊午士禍をきっかけに、燕山君は追従者のみをそばに置き、欲求のおもむくままに行動するようになっていった。

昌徳宮後苑
燕山君の遊興の場となった。

＊剖棺斬屍：棺を暴き、遺体の首を切り落とす刑。

『燕山君日記』に残る燕山君のつぶやき

最近、慶尚道などで地震が起こったが、昔の人は君主の失徳のせいで地震が起こると言っているが士林のせいだろう。儒生は成均館や四学で昔の本ばかり読んで、本当の政治がわかっていない。そのくせ上の者（王）ばかりを批判する。学があると自惚れているが、やっていることは今度（『成宗実録』の記事による騒動）のようなことで、学問をしていない奴のほうがよほどましだ

（燕山君4年7月丁巳条）

人目を気にした暴君

翌年の6月、燕山君は成宗の側室が暮らす尼寺に乱入し、年寄りは追い出し、若い者7、8人を選んで犯した。

宮中では政務を放り出して、日夜宴会がくり返され、気に入った妓生は宮中に入れて寵愛《ちょうあい》した。宴会には官僚を無理やり参加させ、欠席者は「陵上之風（王を軽んじる気分）」があるとして取り締まらせた。

こうした放蕩《ほうとう》をくり返す燕山君だが、彼は人一倍、ひと目を気にしていた。

遊興の場である**昌徳宮**《チャンドックン》の北東には成均館《ソンギュングァン》があったが、小高い場所にあり、そこから覗き見られることを嫌って成均館を廃止した。また、宮殿近くの山上から覗かれるのを警戒し、見張りを置いて入山を禁止したほか、民の視線を避けるために、自分が外出するときは、行列の見物も厳禁とするほど、人目を避けようとした。

燕山君③　母のための復讐〈甲子士禍〉

燕山君の墓
左側が燕山君、右側が夫人・慎氏《シンシ》が眠る墓。王族の礼をもって埋葬されたが、王陵ではない。没後、７年目に配流地の江華島から夫人の要請で漢城に移された。

荒れ狂った粛清の嵐

成宗《ソンジョン》が絶対に秘せと命じた、**燕山君**《ヨンサングン》の実母、**尹氏**《ユンシ》の廃妃と賜死《しし》の真相を暴露する者が出た。*　**宮中派**の**任士洪**《イムサホン》だ。

戊午士禍《ムオサファ》ののち、宮中は、しだいに外戚勢力の宮中派が勲臣らの**府中派**を凌《しの》ぐようになり、両派の対立が激しくなっていた。任士洪はそうした状況のなか、尹氏の廃妃に加担していた府中派と宮中派の両派の実力者を追い落とし、自分ひとりが政権を握るために、真相暴露を政権奪取の道具にしようと考えたのだ。任士洪自身は、廃妃に最後まで反対したことから、この告発で自分が不利になる心配はまったくなかった。

任士洪の告発によって、宮中にはすさまじい粛《しゅく》清《せい》の嵐が吹き荒れた。

父王の側室、**鄭貴人**《チョングイイン》と**厳貴人**《オムグイイン》の讒言《ざんげん》が母を死に追いやったことを知った燕山君は、２人の寝所に踏み込み、縛り上げて踏みつけ、鄭貴人の王子たちにも殴らせようとした。しかし、彼らがこれを拒むと、その場で全員を撲殺《ぼくさつ》させた。

つぎに、祖母の**仁粋大妃**《インステビ》のもとに乗り込み、ありったけの罵詈雑言《ばりぞうごん》で怒鳴《どな》りつけ、大妃に頭突きまでした。このときのショックから、大妃は1カ月後に他界している。

臣下に対しては、廃妃と賜死にかかわった者、反対しなかった者は、根こそぎ処刑。また、斬首では飽きたらず、残虐な処刑方法を考え出し、捕らえた者が刑を避けて自殺しないよう、獄中には監視も置かれた。処刑された者の首は、漢城《ハンソン》の繁華街にずらりと並べられ、晒《さら》された。

こうした粛清ののち、燕山君は母の名誉回復と

＊宮中派：外戚中心の派閥。対抗勢力に議政府や六曹の勲臣らが中心となった府中派があった。

甲子士禍以後の代表的な暴政

燕山君 10 年（1504 年）

7 月　成均館《ソンギュングァン》廃止。ハングルによる批判書に怒り、ハングルの使用禁止。

12 月　円覚寺《ウォンガクサ》を廃止し、翌年に掌楽院《チャンアグォン》として、妓生の居住地・遊興の場とする。

11 年（1505 年）

6 月　京畿《キョンギ》百里（約 40km）四方を立ち入り禁止とし、狩猟遊興の地とする。

8 月　美女を宮中に送る「採紅駿使《チェホンジュンサ》」を全国に派遣し、美女狩り。

12 年（1506 年）

4 月　王に諫言する司諫院《サガンウォン》を廃止。

8 月　未婚女性を探索し、宮中に送る「採青女使《チョチョンヨサ》」を全国に派遣する。

復位を実施させ、斉献王后《チェホンワンフ》の称号を追号した。

これが**甲子士禍《カプチャサファ》**と呼ばれる事件で、3月に始まった粛清は7カ月間にわたってつづいた。

クーデターに倒された暴君

この事件以後、燕山君の暴虐はさらに悪化した。「臣下の物であろうと、与えるのも奪うのも君主の思うがままだ」と言い放ち、臣下や寺の財産を奪った。また、王族や臣下の妻女で気に入った女は自分のものとし、伯父である**月山大君《ウォルサンテグン》**の未亡人は、燕山君の子を宿したことを恥じ、自殺した。

こうした燕山君の暴政に対して、国中にクーデター（反正《パンジョン》）を望む声が増えていった。

そして、1506年。ついに**朴元宗《パクウォンジョン》**（月山大君夫人実弟）らは挙兵し、王を廃して、成宗の次男、**晋城大君《チンソンデグン》**（**中宗《チュンジョン》**）を新王に擁立《ようりつ》した（**中宗反正《チュンジョンパンジョン》**）。

廃位された燕山君は喬桐島《キョドンド》、さらに江華道《カンファド》に流され、病死した。史上最悪の暴君は30歳でこの世を去り、反正後、尹氏の復位は取り消された。

燕山君の項は須川英徳《ひでのり》「背徳の王燕山君」（『アジア遊学』勉誠出版 第 50 号 2003/4）を参考にしました。

第十一代

王道政治に縛られた王

中宗

チュンジョン／ちゅうそう

生存年　1488～1544（享年56歳）
在位年　1506～1544（在位38年）

聖人君主の道にこりた王

クーデター（反正《パンジョン》）によって王位についた**中宗**《チュンジョン》の治世は、権力闘争による党派交代の連続だった。

　中宗が即位したとき、まず朝廷の主導権を握ったのはクーデターを成功させ、中宗を王位につけた功績のある**勲旧派**だった。しかし、中宗は**燕山**《ヨンサン》**君**《グン》による政治的な混乱を収拾するため、成宗《ソンジョン》以来の王道政治を目指しており、勲旧派の台頭は望ましくなかった。そこで、士林《サリム》を積極的に登用することで、勲旧派を牽制《けんせい》し、王権を高めて自分が理想とする政治を行おうとした。

　中宗は、士林のなかでも人望を集めている**趙光祖**《チョグァンジョ》を重用し、儒教政治を拡大した。しかし、趙の政策は、あまりにも理想論に偏っており、なおかつ急ぎすぎた。

　国庫の財政再建のため、いきなり土地からの収入が減らされた官吏らは、反正後の政治に不満や反感を高め、王道政治を目指した中宗自身ですら、趙光祖がくり返し実践を求める王のあるべき姿、聖人君主の道がイヤになってしまった。

　厳格な儒教の徒である趙光祖の厳しい追及は、特権階級となっていた勲旧派にも容赦がなかった。趙は、中宗反正をくわしく調べ、「勲功もなく功臣になっている76名の資格を剥奪すべき」という申し立てを上疏《じょうそ》した（**偽勲削除事件**）。しかし、事は極めてデリケートな問題だった。そもそも、中宗王朝は、功臣たちの功績の上に成り立っていた。この上疏を取り上げれば、勲旧派は中宗に叛《そむ》き、新たな王を担《かつ》ぐ危険さえ出てくる。

　中宗は6度にわたって上疏をしりぞけた。しかし、7度目に上疏を拒むと、趙光祖は台諫《だいかん》たちと

資善堂《チャソンダン》
景福宮《キョンボックン》内にある世子夫妻の住居。世子＝東宮《トングン》が住むことから、建物自体も「東宮」と呼ばれた。

辞職し、王の復職命令も固辞して抵抗した。

中宗は趙光祖の意見に折れざるを得ず、功臣76名を勲籍から削除した。

こうした趙光祖の政治姿勢は、王道政治を貫く真の忠臣のものだった。ところが、王にさえ自分の主張を強要する態度に、中宗は趙光祖に嫌悪すら覚えるようになってしまった。

木の葉に浮かぶ謀叛の予言

この王の機微をとらえたのが勲旧派だった。彼らは、王の心が趙からはなれたと知るや、一挙に士林派を打倒する巻き返しにはいった。

王宮の木の葉には虫の食った跡が「走肖為王」*の文字となって浮かび上がり、趙光祖の逆心が何度も上疏された。中宗は上疏に慎重な姿勢をとっていたが、くり返し出される申し立てをついに入れ、趙光祖ら士林派を逮捕し、流罪ののちに趙光祖に賜死《しし》を命じ、多くの士林派を処刑、左遷などに処した（**己卯士禍《キミョサファ》**）。この騒動は、勲旧派の思惑どおりにすすんだ。しかし、その後も士林派の金安老《キムアルロ》が政敵の失墜をたくらんで**灼鼠《チャクソ》の変**を起こすなど権力闘争はやまず、中宗は国政を安定させることはできなかった。

中宗時代の怪事件　灼鼠の変

己卯士禍で流罪となった金安老が、自分を流罪にした沈貞《シムジョン》一派を除くために息子の金禧《キムヒ》に指示して起こした事件。

金禧は鼠の足と尾を切り、目や耳を火で焼きつぶして東宮の庭木に吊るした。金禧の画策によって、中宗の寵愛を受けていた敬嬪朴氏《キョンビンバクシ》が自分の息子・福城君《ボクソングン》を王位につけるために世子を呪詛したとの嫌疑がかかり、敬嬪朴氏と福城君は賜死《しし》。沈貞も敬嬪朴氏と内通していたとして賜死となった。

＊走肖為王：走＋肖で趙の字になり、「趙が王になる」の意味になる。木の葉に蜂蜜で文字を書いたといわれている。

中宗② 倭寇大襲撃 三浦の乱

八幡船《やわたぶね》
倭寇が使ったという和船。「ばはんせん」とも呼ばれた。

三浦
鎖国政策と倭寇対策のため、三浦に限って開港し、日本の出島のような倭館《ウェガン》をつくり、倭人の居住も制限した。多い所では、2千人以上の倭人が居住していた。

貿易抑制策に反発した倭人

中宗《チュンジョン》の代には、国政の混乱を突くかのように、倭人の大規模な反乱が勃発した。

倭寇《わこう》を鎮めるために、朝鮮王朝は**釜山浦**《プサンポ》・**薺浦**《チェポ》・**塩浦**《ヨムポ》の三浦《サムポ》（三つの港）に限って開港場とし、倭人の略奪を貿易へ振り替える策をとっていた。

ところが、この貿易は国内輸送費や倭人の滞在費を王朝側が負担しており、しかも、売り手の倭人の貿易量が増え、負担分の支出は、国家の財政を圧迫するほどふくれあがっていた。

中宗は燕山君《ヨンサングン》の暴政によって、国庫も底をついていたことから、この貿易を厳しく制限した。

これに反発したのが貿易相手の対馬の守護、**宗**《そう》**氏**《し》だった。貿易制限による収入減少は、宗氏にとって死活問題だった。宗氏は、これを武力で解決しようとし、臣下の武将、**宗盛弘**《そうもりひろ》に命じ、総勢5千名の軍勢で三浦を襲撃し、制限撤回を迫った。戦乱は、4カ月に及び、盛弘は戦死。三浦は焦土と化し、両者とも甚大な被害を出し、反乱は平定された（**三浦倭乱**《サムポウェラン》）。この乱の結果、王朝側は三浦を閉鎖し、交易は中宗7年（1512）、足利幕府との**壬申**《イムジン》**約条**まで完全に途絶えた。

中宗と長今

韓流ドラマ「**大長今**《テチャングム》」*は、『中宗実録』に登場する**医女**《ウィニョ》から発想された。

ところが、実際に『朝鮮王朝実録』に「長今」という名前が出てくるのは、わずか10カ所ほどで、これが長大な創作ドラマのヒントとなっている。

もともと医女は、王妃や王の側室など、身分の高い女性専用の医者として設けられていた。しかし、中宗は持病の中風や腫れ物、カゼなどはもっぱら医女に証《しょう》（漢方の診断による体質・症状の区分）を診察させていた。

内医院《ネウィウォン》（医局）の提調《チェジョ》（長官）らは、たびたび「医女の医術は医員に及ばないため、医員に診察させてはどうか」と提案していたが、中宗はそれでも医女に担当させていたようだ。

ちなみに、長今が登場する最後の部分は中宗薨去《こうきょ》の条《くだり》で次のようなものだ。

〜・〜・〜・〜・〜

○巻73　中宗27年10月乙未（21日）条

「（王は腫れ物が痛むので）脈をとる**医女**の言葉を聞いて、適切な薬を進呈するようにせよ、と仰《おっしゃ》った」

○巻105　39年2月壬申（3日）条

「ちょっとした薬に関する相談は、**医女**を通じて伝えるので、（医女と）相談するがよかろうと仰った」

○同　10月甲午（29日）条

「朝、医女の**長今**が内殿から出てきて言うには、下気（便意）がはじめて通じまして、たいへんご気分がよいと仰《おお》せです、とのことだった」

○同　39年11月庚戌（15日）条

「殿下の玉体の昏迷な症状は、朝よりますますひどくなっており、水をたくさん差し上げたが、（薬を）飲み下すことができず、続けて下へ流れ落ちてしまうと、**医女**から聞いた」

この最後のくだりのあと、中宗は伏せていた宮殿の小さな奥座敷で、西の刻（午後5時から7時）に薨去《こうきょ》した。

長今については名前以外、年齢すら記録がなく、素性はほとんどわからない。また、ここでたびたび登場する医女がすべて長今なのか、複数の医女が記述されているのか。今となっては、それも実録の記述だけではわからない。

＊「大長今」：韓国MBC制作の時代劇。日本ではNHK・BSで2004年10月から2005年10月まで放送。全54話。日本でのタイトルは「宮廷女官チャングムの誓い」。

第十二代

義母に孝をつくした短命な王

仁宗

インジョン／じんそう
生存年　1515～1545（享年30歳）
在位年　1544～1545（在位8カ月）

弟の誕生から王位争いに

仁宗《インジョン》は、**中宗《チュンジョン》**と**章敬王后《チャンギョンワンフ》**の長男で、章敬王后は仁宗を出産した6日後に亡くなっている。

仁宗は、5歳で世子に冊立《さくりつ》され、29歳で即位したが、生来病弱で、即位後わずか8カ月で薨去《こうきょ》し、在位期間は王朝史上最も短かった。しかも、仁宗の生涯は、政権闘争の連続だった。

仁宗が少年から青年へと成長する間には、己卯《キミョ》士禍《サファ》(→p83)が起こり、多数の士林《サリム》派が粛清《しゅくせい》され、勲旧派が政権を握った。しかし、それもつかの間、王の親戚となった**金安老《キムアルロ》**が政権を勲旧派から奪うと、勲旧派は政界を追われ、没落していった。

仁宗は、こうした権力者たちのめまぐるしい栄枯盛衰の交代劇をつぶさに見ていた。そして、仁宗が世子に冊立され、中宗の第二継妃、**文定王《ムンジョンワン》后《フ》**が男子（**慶源大君《キョンウォンデグン》**、のち**明宗《ミョンジョン》**）を産んだときから、仁宗自身も親族同士の激しい権力闘争に巻き込まれていった。

王宮内が実母の兄、**尹任《ユンイム》**を中心に仁宗を支持する勢力「**大尹派《テユン》**」と、文定王后の弟、**尹元衡《ユンウォンヒョン》**を中心に慶源大君の即位を目論《もくろ》む「**小尹派《ソユン》**」の2大派閥に分かれて争いはじめたのだ。

朝廷の臣下は、どちらかの派閥に属し、「両派は互いに疑心を抱き、誹謗中傷し、互いを訪問せず、(他派閥が多い居住地を避けて)引っ越す」者がでるほど、敵対していた。

しかし、仁宗にとって、義母である文定王后と対立することは身を切るように辛いことだった。

仁宗は、幼いころから孝行心に厚く、中宗が病に倒れて薨去《こうきょ》するまでの間も「夜に帯も解かず(寝ずの看病をし)、薬をすすめるときも先になめて

孝陵《ヒョルン》
死ぬまで自分を嫌った文定王后に孝をつくした仁宗の墓。

（毒見をし）、その誠と孝は他をはるかに凌《しの》ぐ」と、『実録』に書き残されるほど、親孝行だったのだ。

無力だった孝行心

しかし、この父母に孝であろうとする仁宗の思いは、文定王后にはまったく通じなかった。

文定王后にとって、仁宗はわが子の即位をはばむ邪魔者でしかなかった。王后は、仁宗が挨拶に訪問しても、「自分と慶源大君をいつ殺害するのか」と罵《ば》詈《り》雑《ぞう》言《ごん》を浴びせた。仁宗は、義母のこうした態度を憎むより、自分の孝が未熟なことに悩み続けたという。しかし、仁宗がどれほど慕っても、文定王后の心を変えることはできなかった。

仁宗は中宗の薨去後、王位につき、義母の夢を破ることになった。仁宗の即位によって大尹派が政権を握り、義母の勢力である小尹派は、政界の片隅へと追いやられた。

仁宗は即位後、士林派を登用し、王道政治を目指したが、その志もむなしく、正体不明の病気に倒れ、30歳で薨去した。

仁宗の死後、仁宗が亡くなった原因は、文定王后が仁宗に与えた餅に、毒が入っていたからだという噂が巷《ちまた》に流れるほど、この2人の溝は、傍目《はため》にも深いものだった。

子どものいない仁宗は、病の床で死を予感し、慶源大君を王に指名した。死後、仁宗の在位があまりに短かったことから、葬儀も墓も国王の待遇は与えられなかった。

第十三代

操り人形にされた若き王

明宗

ミョンジョン／めいそう

生存年　1534～1567（享年33歳）
在位年　1545～1567（在位22年）

大尹派を粛清した乙巳士禍

明宗《ミョンジョン》は、中宗《チュンジョン》と第2継妃、**文定王后**《ムンジョンワンフ》の長男で第2王子。仁宗薨去《インジョンこうきょ》後、11歳で即位した。

幼い明宗のため、文定王后が摂政として垂簾聴政《すいれんちょうせい》（→p34）をしいた。しかし、明宗が成人しても、王后は実権をはなさず、明宗は母や外戚の言いなりで、名ばかりの王にすぎなかった。

仁宗から明宗への王位の交代は、すなわち王宮の政権勢力の逆転でもあった。仁宗を支持していた**大尹**《テユン》**派**は実権を失い、文定王后とその弟、**尹**《ユン》**元衡**《ウォンヒョン》が率いる**小尹**《ソユン》**派**が政治の表舞台に立った。

尹元衡は、明宗が即位するや、政治の中枢にいた大尹派を追い落としはじめた。王朝史上4度目の士禍、**乙巳士禍**《ウルササファ》のはじまりである。

尹元衡は、大尹派の実力者「**尹任**《ユンイム》、**柳灌**《ユグァン》、**柳仁**《ユイン》**淑**《スク》が別心を抱き、不穏な動きあり」というあいまいな罪をでっち上げた。司憲府《サホンブ》と司諫院《サガンウォン》は尹元衡にそそのかされ、尹任らを弾劾、流罪や左遷に処した。この大尹派撲滅工作の背後には、文定王后の密旨（秘密命令）もはたらいており、表立って小尹派に反対する者はほとんどいなかった。

ところが、これに弘文館《ホンムングァン》の**白仁傑**《ペクインゴル》が敢然と待ったをかけた。

「罪人の罪状を明らかにせず、正規の手続きもなく、密旨によって刑を処した」文定王后や尹元衡らを糾弾したのだ。

この発言に文定王后は激怒した。彼女は、白仁傑が逆賊を擁護したとして監禁。配流《はいる》されていた尹任らに賜死《しし》を与えた。

この乙巳士禍で大尹派の中枢は除かれ、権力の頂点に立った尹元衡は、「上は女王、下は奸臣が権力を振りかざし、国を滅ぼす」という宿場の壁に書かれた落書きまで、大尹派の仕業《しわざ》と決めつけ、大尹の残党を粛清《しゅくせい》した（**良才駅壁書事件**《ヤンジェヨクピョクソサコン》）。

報恩寺《ポンウンサ》
文定王后の庇護を受けた普雨が住持をつとめた仏教寺院。新羅時代からの名刹。

腐敗政治を蔓延させた王后

あとは、小尹派のやりたい放題だった。

尹元衡は、自分の愛妾（婢）を夫人にするために、正妻を毒殺するような暴挙を犯し、文定王后も王朝の崇儒抑仏《すうじゅよくぶつ》の理念に逆《さか》らい、仏教僧の**普雨**《ポウ》の望むままに、廃止された宗派や科挙の僧科を復活させ、僧らを兵曹判書《ピョンジョパンソ》につけるなど、仏教信仰策を積極的に推進した。

権力者の勝手気ままな振る舞いは、中央・地方の別なく、私利私欲に走る貪官汚吏《たんかんおり》を蔓延《まんえん》させた。

こうした政治の腐敗は、文定王后が逝去《せいきょ》するまでつづき、明宗の親政がはじまって、ようやく歯止めがかかった。

明宗は普雨から僧職を剥奪し、流刑。尹元衡もその愛妾とともに流罪に処され、その後自殺した。

明宗の善政は清廉な官吏や民衆から歓迎された。しかし、親政を敷いて2年後、病によって明宗は33歳の若さで薨去《こうきょ》した。

第十四代

士林派の分裂を招いた王

宣祖

ソンジョ／せんそ

生存年　1552～1608（享年56歳）
在位年　1567～1608（在位41年）

王道政治復活を目指して

宣祖《ソンジョ》は、**中宗**《チュンジョン》と後宮・**昌嬪安氏**《チャンビンアンシ》の3番目の息子・徳興大院君《トグンデウォングン》の三男で、中宗の孫に当たる。幼いころから学問に親しみ、その聡明さは、ほかの王子より抜きん出ていたようだ。宣祖の聡明さを語る、次のような幼年期のエピソードも伝わっている。

明宗《ミョンジョン》が存命のころ、子どものいない明宗は、王族の子どもを集めては、世子候補をさぐっていた。そんなある日、「おまえたちの頭の大きさをみてみよう」と、明宗は王冠を子どもたちにかぶらせてみた。それぞれが順番に王冠を頭にのせたが、一番幼い**河城君**《ハソングン》（宣祖）に番が回ってきたとき、河城君は「王以外がどうして冠をかぶることができましょう」と言って、王冠を明宗に返した。

明宗は、幼いながら道理をわきまえた河城君に驚き、河城君を次代の王に決めたといわれている。

明宗の眼鏡にかなった宣祖は、15歳で即位し、明宗の王妃・**仁順王后**《インスンワンフ》が垂簾聴政《すいれんちょうせい》を行ったが、王としての優れた資質を示したため、翌年には、16歳で親政を開始した。

宣祖は、乙巳士禍《ウルササファ》で官職を失った士林《サリム》たちを積極的に重用し、王道政治の復活を目指した。また、**賢良科**《ヒョルリャンクァ》（科挙によらない人材推薦制度）を再開させ、広く人材を求めた。

こうした宣祖の政策によって、国政は一挙に士林派による文治政治へと転換し、これで派閥闘争がなくなるかと思われた。

新たな争いの火種

しかし、宣祖8年（1575）に**吏曹銓郎**《イジョチョルラン》（人事部長）のポストをめぐって**沈義謙**《シムウィギョム》と**金孝元**《キムヒョンウォン》が

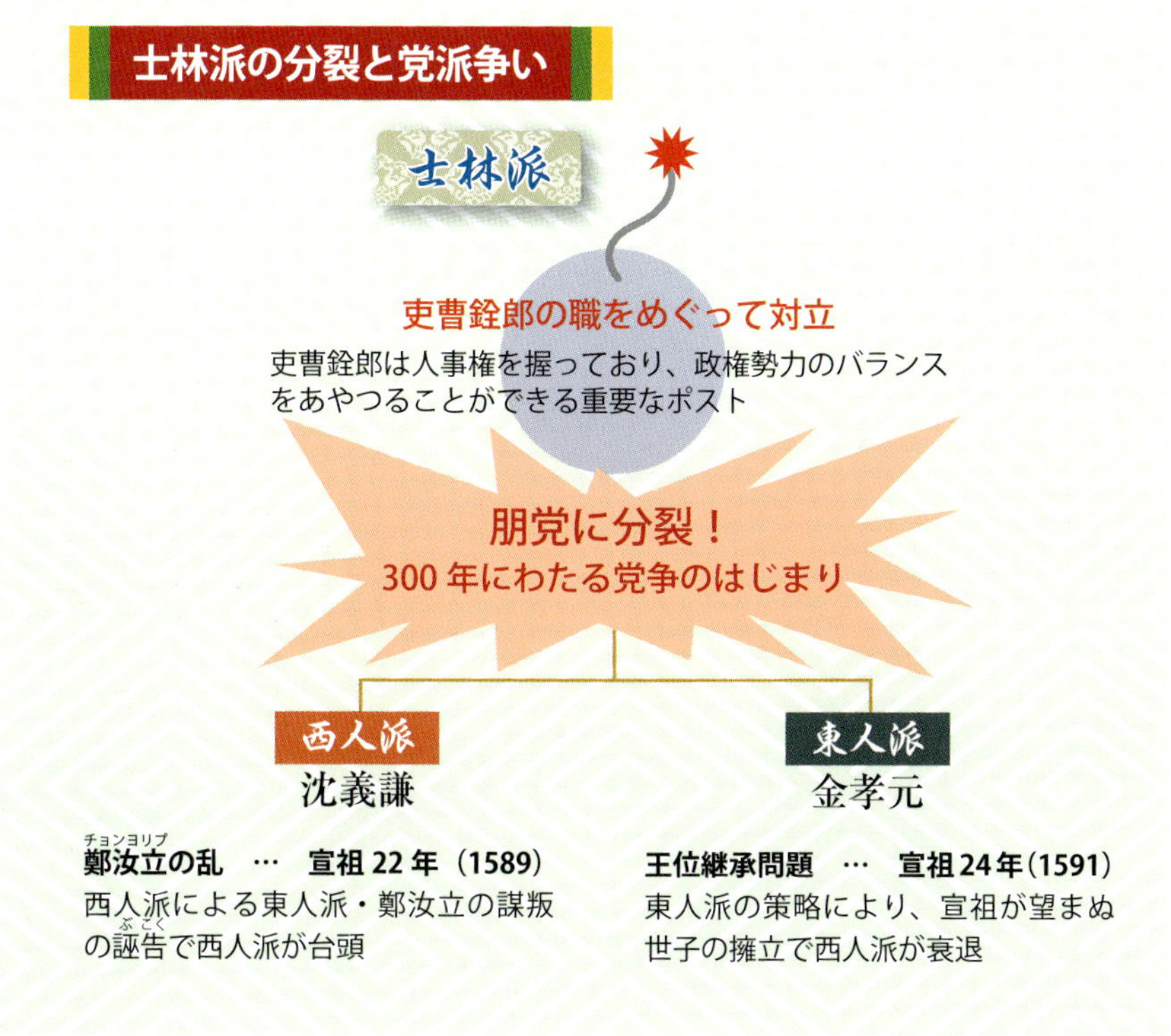
士林派の分裂と党派争い
士林派
吏曹銓郎の職をめぐって対立
吏曹銓郎は人事権を握っており、政権勢力のバランスをあやつることができる重要なポスト
朋党に分裂！
300 年にわたる党争のはじまり
西人派
沈義謙
東人派
金孝元
鄭汝立《チョンヨリプ》の乱 … 宣祖 22 年（1589）
西人派による東人派・鄭汝立の謀叛の誣告《ぶこく》で西人派が台頭
王位継承問題 … 宣祖24年（1591）
東人派の策略により、宣祖が望まぬ世子の擁立で西人派が衰退

激突すると、士林派が分裂し、熾烈な政権闘争がはじまった。

沈義謙は勲旧派であり、王族につらなる戚臣だったが、士禍の最中《さなか》に士林を保護するなど、士林派に近い旧臣だった。沈義謙は金孝元が吏曹銓郎に推挙されると、金孝元が士禍の元凶だった尹《ユン》元衡《ウォンヒョン》の家に出入りしていた事実を指摘し、人事にたずさわるポストには不適当として反対し、自分の息のかかった人材を吏曹銓郎の職につけた。

この事件を発端に士林たちは、王都の西に住居のある沈義謙を支持する「**西人《ソイン》派**」と東に住む金孝元に与《くみ》する「**東人《トンイン》派**」の**朋党**《ブンダン》（党派）に分かれて激しい党争に入った。

これが以後、300年にわたって王朝の最後までつづく*朋党政治のはじまりとなった。

しかし、政治闘争をしている暇などなかった。北方では女真《じょしん》族が明を圧倒しはじめ、海の向こうの日本では、王朝史上最大の危機となる渡海作戦の準備がはじまっていたのだ。

＊朋党政治：同じ主義と利益を追求する朋党（党派）による政治。「朋党」は儒教経典の「以朋党為友、以蔽悪為仁」が語源。

宣祖② 倭人襲来！ 王朝最大の危機！

戦いか？ 静観か？

宣祖24年（1591）、朝鮮半島への出兵が噂される**豊臣秀吉**の動静をうかがうために、日本に派遣していた**黄允吉**《ファンユンギル》と**金誠一**《キムソンイル》が、秀吉からの書状をたずさえて帰国した。

黄允吉と金誠一が見た秀吉

黄允吉「眼光が光り輝き、胆力と智恵がある人物」
金誠一「目はネズミのようで、恐れるに足りない」
（『宣祖修正実録』宣祖 24 年3月1日条）

このほか、秀吉について
「背が低く醜く、顔はシワが多く黒く、大猿のような姿」
「奥目だが星のような瞳で、人を射るように光っている」
「歓迎の宴で抱いていた小児が小便を濡らしても笑っている」
など、2人は「礼」を知らない秀吉にあきれ果てている。

書状には「征明仮道（明を征するため道をかりる）」という文言はあるが、秀吉が朝鮮王朝に戦いを仕掛けるのかどうか、判断がつきかねた。**宣祖**《ソンジョ》がその旨《むね》をたずねると、西人《ソイン》派の黄允吉は、「秀吉に戦意あり、今のうちに倭と和議を」と答え、一方、東人《トンイン》派の金誠一は「黄の報告は大げさです。倭に戦意なし」と真逆の報告をした。

戦いの準備か、それとも静観かをめぐり王宮は混乱した。結果、政権を握っていた東人派の意見が議論を制し、戦いの備えはなおざりにされた。しかし、これはとんでもないことだった。

朝鮮全土を制した倭軍

翌年、4月に倭軍は、13万を超える大軍で海を越えて、攻めてきたのだ（**壬辰倭乱**《イムジンウェラン》）。

弓矢で応戦する朝鮮王朝軍を、倭軍は大量の鉄

砲で圧倒し、1日で上陸地の**釜山**《プサン》の守備軍を壊滅させ、わずか20日間で**漢城**《ハンソン》に肉薄してきた。

宣祖は急ぎ漢城を棄て、**開城**《ケソン》へと脱出し、万一を考えて、次男の**光海君**《クァンヘグン》を世子に決め、明に援軍を頼むなど、対応策を打った。しかし、倭軍の進撃はやまず、朝鮮半島のほとんどは、瞬く間に占領された。宣祖は、開城から**平壌**《ピョンヤン》、さらに**義州**《ウィジュ》へと逃避し、光海君に各地で義兵の招集にあたらせた。ちなみに、逃避行の間に一部の臣下は行方をくらませ、供《とも》の奴婢が食料を奪ったため、一行は満足な食事も欠くような有様だった。

王朝軍が本格的な反撃に出たのは、7月に入ってからのことだった。

陸では義兵をもとに軍を立て直し、一方、水軍は残った兵力を集め、**李舜臣**《イスンシン》（→p148）の指揮のもとに反撃に転じた。しかし、ようやく到着した明軍が倭軍に圧倒されると、明は朝鮮王朝の反対を押し切って、日本に講和を提案し、およそ1年に及ぶ戦乱は、講和交渉のため停戦に入った。

宣祖③ 講和決裂！ 倭軍再襲撃！

家臣にだまされた秀吉

講和会議に入った**豊臣秀吉**は、朝鮮も明も、すでに、秀吉軍に敗退し、両国はおとなしく自分の考えに従うものだと考え、明の使者に対して、次のような条件を提示した。

・明の皇女を天皇の后妃《きさき》とすること
・日明貿易を復活させること
・朝鮮南部四道は日本に割譲せよ
・朝鮮国王子と大臣を人質として差し出すこと

（「大明日本平和条件」文禄2年6月28日）

ところが、明の皇帝は、蛮夷である日本には、謝罪・降伏以外の名分はないと考えており、両者が納得する結論など最初からなかった。

明の使者は、秀吉を日本国王として冊封《さくほう》する妥協案を提示し、**小西行長***らは、秀吉に黙ってこの案で決着をつけようとはかった。間もなく、明から、国王冊封の金印が届くと、秀吉は小西らにだまされたことを知った。さらに、朝鮮王朝が条件を無視し、人質を差し出さず、倭軍の完全撤退を要求したことから、秀吉は大激怒。まず、朝鮮王朝を倒すよう命じ、**丁酉再乱**《チョンユジェラン》が起こった。

半島南部を領地とせよ！

宣祖30年（1597）、倭軍は、再び大挙して朝鮮半島に上陸した。秀吉の目論《もくろ》みは、まず、朝鮮半島南部を制圧し、領土化することにあった。

先の戦いののち、政敵の讒言《ざんげん》で水軍司令官から失脚した**李舜臣**《イスンシン》のいない水軍は、倭軍の攻撃がはじまると、あっけなく壊滅し、制海権は倭に奪われた。倭軍は、先の戦いですでに**慶尚道**《キョンサンド》沿岸に築城していたいくつかの城を拠点に、**全羅道**《チョルラド》、

＊小西行長：戦国武将。豊臣秀吉の家臣。戦闘終結のため、明の大使と共謀して講和交渉をすすめた。

丁酉再乱（慶長の役）戦闘地図

壬辰倭乱（文禄の役）の豊臣秀吉の目的は、明征伐の助力を拒否した朝鮮王朝の降伏とその後の秀吉への服従だった。朝鮮半島のほぼ全土を席巻した秀吉は、朝鮮王朝がすでに敗北し、秀吉の命令に従うものと考えていた。しかし、これを拒否したため丁酉再乱（慶長の役）を起こした。

忠清道《チュンチョンド》を苦もなく制圧した。

宣祖《ソンジョ》は再度、明に援軍を依頼し、明・朝鮮連合軍は、11万の大軍で倭軍の拠点へ総力戦を挑《いど》んだ。しかし、堅固な城に守られた倭軍を破ることができず、逆に大きな損害を出して敗退した。

水軍では、復帰した李舜臣が倭の水軍を各地で撃破していたが、大局を覆《くつがえ》すことはできなかった。

秀吉は、さらに派兵を増員して、勝利を決定づけようとしたが、その矢先、8月に急死。10月には**徳川家康**ら五大老によって、派兵の帰国命令が発せられ、倭軍は撤兵。ようやく戦闘は終結した。

この7年間におよぶ戦いは、朝鮮王朝に甚大な被害を与えた。農地の3分の2が消失し、食糧に困窮した民による内乱も続発。折からの凶作により、人肉をあさる者さえ出ていた。

宣祖は食料需給、民心の安定、国防など、国力の復旧策を打ち出した。しかし、度重《たびかさ》なる凶作や国政での党争など、混乱はつづき、戦乱の収拾がつかないまま、56歳で薨去《こうきょ》した。

第十五代

賢君でもあった暴君 光海君

クァンヘグン／こうかいくん

生存年　1575～1641（享年66歳）
在位年　1608～1623（在位15年）

党争にはばまれた世子冊封

光海君《クァンヘグン》は、**宣祖《ソンジョ》**と後宮の**恭嬪金氏《コンビンキムシ》**の間に生まれた次男で、世子指名から即位まで、運命にゆさぶられつづけた王だった。そもそも、光海君が庶子だったことが第一のつまずきとなった。

宣祖は、自分が庶孫であるため、嫡子に王位を継がせたいと考えていた。ところが、正妃・**懿仁《ウィイン》王后《ワンフ》**は病弱で子どもが期待できず、7人いた息子はすべて庶子だった。臣下たちは、王の万一を考えて論議し、左議政《チャイジョン》で**西人《ソイン》派**の**鄭澈《チョンチョル》**が光海君の世子擁立を王に奏上することになった。しかし、この決議には党争にからむ裏があった。

宣祖は四男の**信城君《シンソングン》**を愛し、信城君を世子に冊《さく》立《りつ》したいと考えていた。そのことを知った**東人《トンイン》派**の**李山海《イサネ》**は、鄭澈を陥《おとしい》れる罠《わな》を張った。信城君の母、仁嬪金氏《インビンキムシ》を通じて、「鄭澈が信城君と仁嬪金氏を廃し、光海君擁立を策謀している」と宣祖に虚言を吹き込んだのだ。

この話を聞いた宣祖が疑心に満ちていることを知らない鄭澈は、光海君擁立を奏上し、宣祖の怒りを買って流罪にされ、李山海の策略は成功した。しかし、この一件で鄭澈の処罰をめぐり、東人派も**北人《プギン》派**と**南人《ナミン》派**に分裂する結果となった。

こうした党争は、光海君自身には何の関わりもないものだった。しかしこの一件で、光海君の世子擁立は白紙に戻され、王位継承は遠退《とおの》くこととなってしまった。

紆余曲折の末の王位

転機が訪れたのは、**壬辰倭乱《イムジンウェラン》**の最中《さなか》だった。

倭軍に追われた宣祖は、非常時に備え、光海君を世子に指名し、明に世子冊封《さくほう》を申請したのだ。

ところが、今度は次男であることが禍《わざわい》した。

明は、長男を差し置いて次男が世子になることを嫌い、世子冊封を拒否したのだ。このため、光海君の世子は、国際的には非公認のものとなった。

しかし、王朝内では、多くの臣下が光海君を支持していた。臣下たちは壬辰倭乱で活躍する光海君の姿を見ていたのだ。光海君は義兵を招集し、前線にまで出て励まし続けた。その働きは、明の将軍に「国の復興は世子（光海君）の双肩にある」と言わしめたほど、目覚しいものだった。

こうして光海君が世子に指名され、ようやく王位継承問題は決着したかのようにみえた。

ところが、宣祖の継妃となった**仁穆王后**《インモクワンフ》が待望の嫡子、**永昌大君**《ヨンチャンデグン》を出産したことから、たちまち問題が再燃した。

北人派が、光海君支持の**大北派**《テブク》と永昌大君支持の**小北派**《ソブク》に分裂し、激しい党争を開始したのだ。

こうした党争がつづくなか、病に倒れた宣祖は自分の死を覚悟し、領議政《ヨンイジョン》の**柳永慶**《ユヨンギョン》に光海君を王に指名する教書を託した。ところが、柳永慶は小北派に属していたことから、この教書を秘匿《ひとく》した。この卑劣な行為は、間もなく大北派に知れ、大北派は宣祖に柳永慶の処罰を進言した。ところが、病が重篤だった宣祖は、処罰を下すことなく薨去《こうきょ》。世子指名を受けていた光海君が即位した。

南漢山城《ナムハンサンソン》**の守禦将台**《スオジャンデ》**（戦闘指揮所）**
壬辰倭乱後、光海君が防備の強化をすすめた。

光海君② 王権安定のための暴君への道

国家再建に邁進する賢君

即位後の光海君には、ただちに取りかからなければならない問題が3つあった。

ひとつは、壬辰倭乱《イムジンウェラン》で疲弊した国家の建て直しだ。財政再建と窮民救済のために、＊**大同法**《テドンポプ》と呼ばれる税制改革を試み、宗廟《そうびょう》や宮殿の再建に着手し、焼失した書籍の復刊に尽力した。

もうひとつは、待ったなしの外交問題だ。光海君は、途絶した日本との国交を回復し、講和条約を締結することで、侵略の脅威を除いた。また、極めて難しい外交問題である後金（のちの清）と明との外交では、儒教の名分よりも実利を取って、双方と手を結ぶ中立外交を展開した。

この中立外交に関しては、後金を蛮夷と蔑《さげす》み、崇明排金策を唱える**西人**《ソイン》**派**から強硬な反対意見が続出した。しかし、光海君は勢いを増している後金によって国を滅ぼされる危険を避けるため、反対意見を断固としてしりぞけ、中立策をとったのだった。ところが、こうした外交手段も、西人派には理解できなかった。西人派は中立策を維持する光海君に強い不満を持ち、これがのちのクーデターの遠因となった。

最後のひとつは、光海君にとって、もっとも頭の痛い、王位継承権問題だった。

明は光海君の即位後、彼を国王として冊封したが、その間、兄の臨海君《イメグン》が自らの王位継承を主張して流罪に処せられるなど、光海君の王位継承には、当初から曰《いわ》く因縁《いんねん》がつきまとっていた。

即位後も、**小北**《ソプク》**派**などが儒教の名分を盾に、光海君の王位継承に反対しており、さらに嫡子である**永昌大君**《ヨンチャンデグン》の存在が、光海君の王権をはなはだ不

＊大同法：従来、現物で徴税していた貢納品を土地税に変えたもの。光海君時代は京畿道のみで実施され、全国に拡大するのに100年かかった。

光海君の墓
廃母殺弟を犯した暴君の墓。

安定なものにしていた。こうした国情は、党派間の勢力争いを熾烈《しれつ》なものにし、党争は光海君を暴君へと貶《おとし》めることとなった。

かねて、小北派を追い落とそうとしていた**大北《テプク》派**の暴走がはじまったのだ。

終わらない粛清の嵐

大北派は策謀をめぐらし、地方で起こった金印と官印の偽造事件を、小北派の謀叛計画であると誣告《ぶこく》し、光海君は100名以上の小北派を粛清《しゅくせい》した（**金直哉《キムジクチェ》の獄事**）。さらに、翌年にも変事はつづき、その魔手は、ついに永昌大君をとらえた。

有力両班の7人の庶子が起こした強盗事件を謀叛にでっちあげた大北派は、その背後に永昌大君とその母、**仁穆《インモク》大妃《テビ》**がいると、光海君に上疏《じょうそ》したのだ（**七庶《チルソ》の獄**）。この事件で、永昌大君は庶人に降格され、側室扱いとなった仁穆大妃は宮中に幽閉、幼い永昌大君は江華島《カンファド》に流され、のちに監禁された部屋で蒸し焼きにされた。光海君は王権安定のため、残虐な「廃母殺弟」を実行したが、それでも王権安定の策謀は終わらなかった。

大北派は、宣祖《ソンジョ》の存命中に世子候補にあげられたことのある**綾昌君《ヌンチャングン》**（**仁祖《インジョ》**の弟）を葬るため、**申《シン》景《ギョン》禧《ヒ》**の謀叛の影に綾昌君がいると事件を捏造《ねつぞう》し、綾昌君を流罪ののち、謀殺した（**申景禧の獄**）。

こうした数々の親族殺しや臣下の粛清で、残虐な暴君となった光海君は、仁祖を擁したクーデター（**仁祖反正《インジョパンジョン》**）によって倒され、廃位ののち江華島へ流され、流配地で死去した。

蒸し焼きにされた永昌大君

江華府使《カンファプサ》の鄭沆が永昌大君を殺害した。

鄭沆は、江華府の官府に到着すると、永昌大君が監禁されている屋敷の周辺を立ち入り禁止にし、大君の飲食を絶ち、寝床（の下の*オンドル）に火を焚《た》いて、横になれないようにした。

大君は、窓の欄干《らんかん》にすがって立ち、昼夜号泣して、気力が尽きて亡くなった。

大君は、幼いとはいえ、母親の仁穆大妃の御心を痛めることを恐れて、苦しさを語らなかった。

その死を聞き、哀れまない者はいなかった。

（『光海君日記』［鼎足山史庫本―摩尼山本］巻七五、7年2月壬辰［10日］条）

蒸し焼きにされて殺害された永昌大君は、まだわずか8歳だった。

*オンドル：床下暖房。床に石板を敷き詰め、焚き口で火を焚き、熱気を床下に通す。

第十六代

史上最大の屈辱をなめた王

仁祖

インジョ／じんそ

生存年　1595～1649（享年54歳）
在位年　1623～1649（在位26年）

クーデターで立った王

仁祖《インジョ》は宣祖《ソンジョ》の孫で、光海君《クァンヘグン》の異腹の甥。光海君7年（1615）の申景《シンギョン》禧《ヒ》の獄で、実弟の綾昌《ヌンチャン》君《グン》が配流・謀殺されたことから、光海君打倒の機会をうかがっていたといわれる。

その仁祖と手を組んだのが**西人派**《ソイン》だった。西人派は、光海君と**大北派**《テブク》がとった中立外交に徹底して反対を主張していた。彼らは儒教思想にとらわれるあまり、**後金**（のちの**清**）の勢力を侮《あなど》り、蛮夷と蔑《さげす》んでいた。その後金を、明と同等に遇する光海君の政策に我慢がならなかったのだ。また、多数の西人派が光海君によって粛清《しゅくせい》され、生き残った彼らが生き延びるためにも、もはや光海君を倒す以外に、道は残されていなかった。

光海君15年（1623）3月12日の深夜、仁祖と西人派の反乱軍は、王宮である昌徳宮《チャンドックン》内の兵と呼応し、王宮を占拠した。騒動を知って、城外へ逃亡した光海君は捕えられ、一夜にしてクーデター（反正《パンジョン》）は成功した（**仁祖反正**《インジョバンジョン》）。

仁祖は、28歳で即位し、「賊臣が王族を殺害し、（外交では）義理と恩恵のある明に背恩亡徳し、オランケ（後金）に誠意を示した。倫理・綱紀が崩れ、宗廟社稷《そうびょうしゃしょく》（国）が亡びていくを見るに忍びず、反正を図った」という教書を通じて、政権獲得の正統性をしめした。

首都を陥落させた李适の乱

仁祖は、即位とともに社会の安定をはかる国政を志そうとしたが、即位の翌年、王朝を揺るがす大事件が起こった。反正の功臣である**李适**《イグァル》が、大規模な反乱を起こしたのだ。

発端は、台頭してきた功臣勢力を排除しようとした西人派の虚偽の密告だった。「李适が二等功臣に留められ、辺境守備にまわされた不満から、謀叛を計画している」との報告が仁祖に伝えられ、朝廷では李适の処遇をめぐって議論が百出した。

昌徳宮の敦化門《トンファムン》
仁祖反正で光海君打倒のために立った反乱軍は、王宮を護衛する軍の一部と内応していたため、開放された門を抜け、やすやすと宮殿内に侵入し、占拠することができた。

この中央での騒動を知った李适は、身に覚えのない罪を着せられたことに憤激し、捕縛にやってきた官吏らを殺害して挙兵した。

李适は、1万を超える守備兵を統率し、**漢城**《ハンソン》へ向け、急ぎ進撃をはじめた。李适の率いる反乱軍の勢いは凄《すさ》まじく、各地で鎮圧軍は破られ、反乱軍は行程、19日で漢城に到着した。

仁祖は漢城から、すでに忠清道《チュンチョンド》に避難しており、意気揚々と都に入った反乱軍は、宣祖の10番目の王子・**興安君**《ワンアングン》を新王に立てた。

ところが、入城の翌日には、各地に散っていた鎮圧軍が集結して漢城を包囲し、城外を戦いの場に選んだ反乱軍は大敗を喫した。李适は命からがら**京畿道**《キョンギド》まで逃げたが、裏切った手下に殺され、反乱は平定された。

しかし、敗残兵が後金へ逃亡し、国内の混乱を告げ、李适の乱で北方の守備が手薄になった隙に、南侵して朝鮮王朝を攻めるように進言し、これがのちの後金の朝鮮侵略、**胡乱**《ホラン》の一因となった。

仁祖② 蛮夷にひざを屈した王

清に降伏した朝鮮王朝

ホンタイジに臣下の礼をとる仁祖（銅板）
仁祖は清が漢城郊外の三田渡に仮設した受降壇に進むとひざまずき、壇上の皇太極に「*三拝九叩頭」し、清への降服と服従を誓い、三田渡の盟約を結んだ。小中華の王がオランケ（蛮族）にひざまずいて服従するなど、これ以上にない屈辱だった。しかし、清の圧倒的な力の前にはなすすべもなく。以後、朝鮮王朝は清を宗主国として服属することになった。

*三拝九叩頭（さんぱいきゅうこうとう）：三度跪き、九度額を地にこすりつける臣下の礼。

圧倒的だった後金の勢力

仁祖《インジョ》と**西人派**《ソイン》が政権を握ると、朝鮮王朝の対外政策は中立外交から、**崇明排金**思想にもとづくものに変わった。後金との交易は停止し、明を助けて遼東半島から後金の背後を突く攻撃を仕掛けるなど、朝鮮王朝は公然と明の支援にまわった。

この朝鮮王朝の行動は、友好路線をとっていた後金の態度を激変させた。仁祖5年（1627）、後金の**ヌルハチ**の後継王、**ホンタイジ**（のちの**太宗**）は朝鮮への進撃を指示し、3万の大軍が鴨緑《アムノッ》江《カン》を越えて攻め込んできた（**丁卯胡乱**《チョンミョホラン》）。圧倒的な兵力の前に、迎撃に出た王朝軍はあっけなく壊滅し、仁祖は江華島《カンファド》に避難。各地で挙兵した義兵が敵軍を押し返したおかげで、ようやく後金との和議に持ち込んだ。

大清皇帝功徳碑（三田渡碑）
高さ3・95メートル×幅1・4メートル
仁祖15年（1637）清の要請により仁祖が特命を発して受降壇跡に建てた。「恥辱碑」として知られる。前面左にモンゴル文・右に満洲文・裏面に漢文で服従の経緯が記されている。

三田渡の盟約

○清国に臣としての礼を尽くすこと
○明からの誥命・印璽を清へ献納すること
○明の元号を廃し、明との交易を禁じる
○王の長子（昭顕世子）と次男（鳳林大君）、大臣の子女を人質として送ること
○明征伐の援軍を派遣すること
○椵島《カド》（平安道沖の島）攻取のため、船50隻・水兵・武器等を準備しておくこと
○清の諸臣と婚姻し、誼を結ぶこと
○城郭の増築・修理は、清国の承諾を得ること
○聖節（皇帝の誕生日）・正朝（正月）・冬至・慶弔に祝賀使者を送ること
○朝鮮に逃れた清軍の脱走兵は送還すること
○日本との貿易を行うこと
○清歳幣として黄金100両・白銀1000両のほか、水牛角弓面200副・豹皮100丁張、鹿皮100張茶千包・胡椒十斗等20余種の物品を上納すること

仁祖は、後金と「兄弟の契り」を結び、後金への歳幣《さいへい》（毎年の貢物）を約束し、互いの領土への侵害を禁じた「**丁卯約条**《チョンミョヤクチョ》」を結んだ。

しかし、後金は、年を追うごとに歳幣の要求額を上げ、国号を**清**と改めると、清を君主とした君臣関係を結ぶよう強要してきた。さらに、清の王が「皇帝」を称し、戴冠式への出席や王子と臣下を人質として差し出すことなどを要求してくると、朝鮮王朝はこれらをすべて黙殺した。

この朝鮮王朝の態度に激怒したホンタイジは、12万の大軍を率いて、ふたたび攻め込んできた（**丙子胡乱**《ピョンジャホラン》）。

開戦4日で清軍は漢城《ハンソン》に急迫。仁祖は江華島に脱出しようとしたが、退路をふさがれ、やむなく南漢山城《ナムハンサンソン》に立てこもった。しかし、40日余りの籠城ののち、ついに仁祖は蛮夷の皇帝の前にひざまずいて降伏し、清と「**三田渡の盟約**《サムジョンドの盟約》」を結んだ。

仁祖はこの屈辱を晴らすことなく、仁祖27年（1649）、54歳で薨去《こうきょ》した。

第十七代

清打倒に執念を燃やした王

孝宗

ヒョジョン／こうそう

生存年　1619〜1659（享年40歳）
在位年　1649〜1659（在位10年）

清に心酔していた兄

孝宗《ヒョジョン》（**鳳林《ポンニム》大君《デグン》**）は**仁祖《インジョ》**の次男で、世子に指名された**昭顕《ソヒョン》大君《デグン》**（**昭顕《ソヒョン》世子《セジャ》**）の弟。

朝鮮王朝が清に降伏したことで、王子時代の孝宗は、昭顕世子とともに人質に取られ、清の首都・瀋陽《しんよう》で8年間を過ごした。この間、2人の王子はまるで正反対の立場に立っていた。

昭顕世子は清の高官と親しく交わり、西洋の文物やカトリック教など、新しい文化を取り込んでいる清に心酔していた。一方、鳳林大君は兄に代わって清軍に従軍し、人質としての侮蔑を受け、反清感情を強くしていた。

こうした2人の様子は逐一、仁祖に報告され、仁祖は清に近づいていく昭顕世子に、不信感と嫌悪感を高めていた。

仁祖23年（１６４５）、2人は人質としての勾留が解かれて帰国した。

帰還の挨拶が済むと、昭顕世子は、持ち帰った西洋の文物を手に、自国もこうした文化を取り入れ、国を変えていく必要があることを力説しはじめた。仁祖は激昂し、手元にあった硯《すずり》を世子の顔に投げつけ、ありったけの罵詈雑言《ばりぞうごん》を浴びせた。

仁祖にとって、世子の態度は蛮夷の文化を尊び、祖国や儒教を軽んじるようにしか見えなかったのだ。さらに、昭顕世子の帰国後、仁祖の清嫌いを知っている清の大使は、王を差し置いて昭顕世子と交渉を望むようになっていた。仁祖の怒りはつのり、清が王の交代を策謀するのではないかという疑心にもとらわれた。

仁祖の昭顕世子への態度は日を追って冷たく、辛辣《しんらつ》になり、これを苦にした昭顕世子は、帰国後2カ月で病の床に伏し、まもなく急死した。

仁祖は、兄から弟に世子指名を変更し、仁祖薨《こう》去《きょ》後、孝宗が王位についた。

昭顕世子暗殺の疑惑

昭顕世子の死について、はっきりとした証拠はないが、仁祖による暗殺を指摘する説がある。『仁祖実録』に記された世子の遺骸の様子と仁祖の態度が暗殺を疑わせるのだ。

まず、昭顕世子の遺骸の記述が異様だ。「全身が真っ黒で、七つの穴から血が流れ、毒にあたった人のようだ（擧體盡黑　七竅皆出鮮血　有類中毒之人）」と記録されている。また、王族の死因などについては担当医官の「推考（尋問）」が行われるのが慣例だが、仁祖は昭顕世子死亡の推考を禁じている。

こうした事実からも仁祖による世子暗殺が指摘されているのである。また、昭顕世子の死後、葬儀は平民と同等の扱いにし、喪中期間も短縮。昭顕世子の家族も嫡子をはじめ、子どもは流罪《るざい》後に賜死《しし》。世子嬪《ビン》の姜氏《カンシ》も幽閉ののちに賜死にするなど、仁祖のただならぬ怒りをうかがうことができる。

『仁宗実録』
昭顕世子の遺骸について記録されている。

昭慶園《ソギョンウォン》
京畿道高陽市にある昭顕世子の墓。昭顕《ソヒョン》墓《ミョ》と呼ばれていたが、第26代高宗《コジョン》の時代に格上げされ、昭慶園に改名された。

孝宗②　清打倒のはずがロシア征伐

急速に進む北伐の軍備拡張

孝宗《ヒョジョン》は即位とともに、少年時代の屈辱を晴らすため、反清政策を推《お》し進めた。

まず、反清派で「北伐論」を掲げる**宋時烈**《ソンシヨル》を高官に抜擢し、北伐（清征伐）の具体的なプランを練らせた。次に、朝廷内の親清派勢力を排除するため親清派の実力者、領議政《ヨンイジョン》の**金自点**《キムジャジョム》を弾劾によって罷免し、江原道《カンウォンド》に左遷した。ところが、この処置に恨《うら》みをもった金自点は、清に「朝鮮王朝が北伐（清征伐）をたくらんでいる」と密告した。清からは、ただちに調査官が派遣されたが、外交力によってなんとか事なきを得た。

金自点の策謀は失敗し、さらに全羅道《チョルラド》へと流されたが、今度は仁祖の側室だった**趙貴人**《チョクイイン》に**崇善君**《スンソングン》（仁祖の五男）を擁した謀叛を持ちかけ、兵士の動員をはかった。しかし、計画は事前の密告によって露呈し、金自点は死罪。趙貴人も賜《し》死《し》となった。この事件は、王宮内の親清派をあぶりだすことにもなり、北伐に反対する一派が一挙に処罰され、反対勢力を除去したことで、孝宗の北伐計画は、本格的に動き出した。

孝宗は軍制を改革し、兵員を大幅に増強するとともに、倭寇からもたらされた**鳥銃**《チョチョン》（火縄銃）を自国で増産するなど、軍備の拡充を急いだ。しかし、考宗が望む強兵策は、財政難からなかなか円滑にすすめられず、膨大にふくれあがる軍事費は、民衆の生活を圧迫しつづけた。

清を悩ますロシアを征伐

こうした軍備拡張は、清の知るところとなったが、事は孝宗の意図せぬ方向へと動いていった。

第一次ロシア征伐の主要進路

当時、清は、黒龍江周辺の資源を狙って侵入してくる**ロシア**（羅禅《ナソン》）との国境紛争に手を焼いていた。ロシア軍には精強な鉄砲部隊があり、その鉄砲の威力に押され、清は幾度も敗退していた。そこで目をつけたのが、大量に銃を導入し、訓練を重ねた朝鮮王朝の鳥銃部隊だった。

清は朝鮮王朝に援軍の派遣を要求し、朝鮮王朝は激論の末、やむなく派遣を決めた。

孝宗5年（1654）、清・朝連合軍は黒龍江をさかのぼってくるロシア軍に対抗。朝鮮王朝軍の鳥銃部隊100名はロシア軍を猛撃し、7日間でこれを撃退した（**第一次ロシア征伐**）。

その4年後にも200名の鳥銃部隊を含む援軍を清に派遣し、ロシア軍の船を火力で圧倒し、これを焼き払い、勝利した（**第二次ロシア征伐**）。

この鳥銃部隊の威力に、本来の目的である北伐の意を強くし、王朝内の士気や戦意は高まった。しかし、清の国力が増すにつれて北伐の機会は失われ、孝宗自身も右耳下の腫れ物の毒が体中にまわり、鍼《はり》治療の失敗から急死。生涯、清を嫌い、北伐に執念を燃やした孝宗だったが、あえなく40歳で薨去《こうきょ》した。

第十八代

礼訟に悩まされた治世」

顕宗

ヒョンジョン／けんそう

生存年 1641～1674（享年33歳）
在位年 1659～1674（在位15年）

服喪は一年か、三年か

顕宗《ヒョンジョン》は**孝宗**《ヒョジョン》の長男で、18歳で即位した。顕宗の時代は外敵の侵入、大規模な内乱もなく、おだやかな時代だった。しかし、顕宗自身は「君弱臣強」と陰口をたたかれるほど、**西人派**《ソイン》の権力者、**宋時**《ソンシ》**烈**《ヨル》にいいようにあしらわれ、王はリーダーシップを取ることができなかった。その代表的な事件が、西人派と**南人派**《ナミン》が対立した2度の**礼訟**《イエソン》**論争**だ。

礼訟論争の発端は、孝宗の薨去《こうきょ》に対して、孝宗の義母（仁祖の継妃）である**慈懿**《チャウィ》**大妃**《デビ》の服喪期間を決定する儒教の学術的な論争だった。しかし、これが西人派と南人派の論争へと発展し、論争は政治問題となった（**己亥**《キヘ》**礼訟**《イエソン》）。

宋時烈ら西人派は、孝宗が次男で、解釈上の庶子にあたることから「**朞年**《きねん》**説**（**1年喪**）」を主張した。これに対して、南人派の**許穆**《ホモク》らは、次男ではあるが王位を継いだことから、正統な王と同様の**3年喪**にすべきだと主張し、互いに譲らなかった。

現代の日本人にとって、政治の場で服喪の期間をめぐってもめることは理解しにくいが、法の根本を儒教におく朝鮮王朝にとって、これは大問題だった。中央だけではなく、在野の儒家にもこの論争は拡大し、国中を巻き込む論難となった。『国朝《ククチョ》五礼儀《オイエウィ》』によって国家の祭礼は制度化されていたが、孝宗は次男が即位した特異な事例であり、解釈ひとつで正解は変わってくるのだった。

論争は、しだいに感情的なものとなり、個人攻撃まで加わって、両派の対立は恨みの深いものになっていった。結局、顕宗は宋時烈らの朞年説を採用することで決着させた。

論争は西人派の勝利となり、反発を強める南人

服喪期間で党派が対立！ 礼訟論争

己亥礼訟
孝宗の薨去で孝宗の義母・慈懿大妃の服喪期間をめぐって対立

西人派 孝宗は長子ではないから１年間
南人派 孝宗は長子でなくても王だから３年間

→ 宋時烈の朞年説を取り
１年間の服喪
西人派勝利

甲寅礼訟
孝宗妃・仁宣王后の死去で孝宗の義母・慈懿大妃の服喪期間をめぐって対立

西人派 孝宗は長子ではないから王后は９カ月
南人派 孝宗は長子でなくても王だから王后は１年間

→ 王の強権発動で
１年間の服喪
南人派勝利

礼訟論争

礼訟論争は、単なる礼節にかかわる党派の礼学思想の違いによる議論にとどまるものではなく、党派間の熾烈な政権闘争だった。己亥礼訟では敗北した南人派の何人かは流罪にされ、西人派からは死罪にすべきだとの主張も挙がった。次の甲寅礼訟では西人派が敗北し、西人派の大臣たちは左遷。なかには、政界から追放された者もいた。

派をおさえるため、顕宗はこの問題に関しての論争を禁じる布告まで下さねばならなかった。

終わらない党派の論争

ようやく収拾した礼訟論争だったが、14年後、顕宗15年（１６７４）２月に孝宗妃・**仁宣王后**《インソンワンフ》が逝去すると再燃した（**甲寅礼訟**《カプインイエソン》）。

慈懿大妃の服喪について、西人派は孝宗が次男であることから「**大功説（九カ月喪）**」を主張した。一方、南人派の許穆らは次男の后でも大后（王妃）であるため1年喪の「朞年説」にすべきと訴えた。顕宗は、今度は強権を発動して王后の正統性を認める南人派の朞年説をとるよう命じた。

党争は南人派が勝利し、政権勢力は逆転した。西人派の高官は左遷され、南人派の官僚が重要なポストを占め、政権を握った。

この年、9月。顕宗は病から33歳の若さで薨去《こうきょ》した。王位の始まりから終わりまで、礼訟にまつわる党争に悩まされた治世だった。

第十九代

党争を利用した王権強化

粛宗

スクチョン／しゅくそう

生存年　1661～1720（享年59歳）

在位年　1674～1720（在位46年）

王を軽んじた南人派

粛宗《スクチョン》は、顕宗《ヒョンジョン》のひとり息子。6歳で世子に冊《さく》立《りつ》され、10歳で結婚し、13歳で即位した。垂簾《すいれん》聴政《ちょうせい》を経ずに若くして親政を行った。

粛宗の時代は、党争がこれまでになく激化した時代だった。

粛宗は党争に明け暮れる臣下たちに「（派閥の）一方が進出すると一方は退く（衰退する）」ことで国政が安定しないことを指摘し、党派間の争いを鎮め、「ともに力を合わせ、国を治める責務を果たせ」と訓告したが、党争が収まる気配はまったくなかった。

粛宗は、こうした政治情勢を逆手《さかて》にとり、王が意図的に政局の転換を起こす「***換局《ファングク》**」を、治世のなかで3度実施し、王権を強化していった。

最初の「**庚申換局《キョンシンファングク》**」は、粛宗6年（1680）に起こった。きっかけは領議政《ヨンイジョン》で**南人《ナミン》派**の領袖・**許積《ホジョク》**が、祖父の諡号《しごう》授与を祝って開いた宴だった。

宴の途中で雨が降り出したため、粛宗は許積のことを案じ、特段の配慮で、宴の会場に帷幄《テント》を持っていくよう臣下に命じた。ところが、許がすでに宮中の帷幄を勝手に持ち出していることが報告され、これが問題となった。

帷幄は軍事物資であり、法の定めによって王の許可なしでは借り出すことのできないものだった。しかし、宴に集まっていた南人派は許の権力を頼みに、勝手に帷幄を持ち出していたのだ。

粛宗は、「権勢を誇った韓明澮《ハンミョンフェ》（成宗《ソンジョン》時代の権臣）でさえ、帷幄を勝手に持ち出すことはできなかった」と許の王を軽んじる態度を叱責し、南人派で占められていた軍事の重要ポストを、数日の

＊換局：王が党争を利用して、王の思惑に合った党派を優先的に選択し、政権交代を行う政治手法。

うちにすべて**西人派**《ソイン》に入れ替えた。
　このため、顕宗時代の礼訟論争によって政権を独占していた南人派の勢力は大きく削がれ、政権は西人派に傾いた。

謀叛に巻き込まれた三福兄弟

　さらに、許積の息子・**許堅**《ホギョン》が仁祖《インジョ》の孫で、王位継承権をもつ**福昌君**《ポクチャングン》・**福善君**《ポクソングン》・**福平君**《ポクピョングン》の「**三福**《サムポク》」を擁し、謀叛を計画していたことが告発され、南人派はさらに窮地に追い込まれた（**三福の変**）。

　粛宗は、家族同然の三福兄弟が、かつて宮女との姦通が疑われたときは徹底して彼らを庇《かば》っていた。しかし、今回の事件では、粛宗は三福兄弟を含め、許堅をはじめとする南人派の共謀者をすべて処罰した。
　政権は完全に逆転し、西人派のものとなった。ところが、西人派は、南人派の処罰をめぐり**少**《ソ》**論**《ロン》**派**と**老論**《ノロン》**派**に分裂し、国政よりも派閥の利害を主張し合った党争をくり返すようになり、今度は、西人派が王を悩ませるようになった。

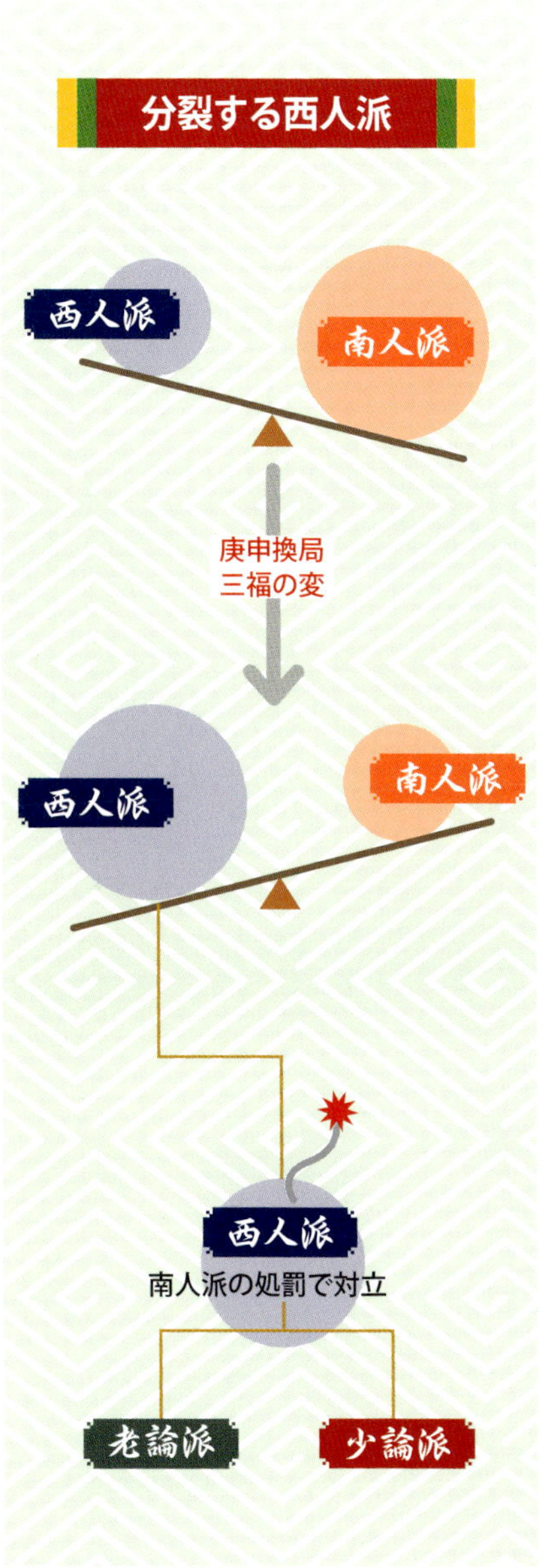

粛宗② 王后の廃位と王の後悔

男子誕生が発端となった換局

2度目の換局、**「己巳《キサ》換局《ファングク》」**は粛宗15年（1689）、**粛宗《スクチョン》**の後宮・**昭儀《ソイ》張氏《チャンシ》**の王子・**昀《キュン》**（のち**景宗《キョンジョン》**）の出産が発端となった。

昭儀張氏は名家の出身でもない、しがない宮女だったが、いつしか粛宗の寵愛《ちょうあい》を受けるようになり、ついに男児、昀を出産した。30歳を過ぎても子どもがいなかった粛宗にとって、昭儀張氏の出産はたいへんな喜びだった。

粛宗は、ただちにこの男児を**仁顕王后《イニョンワンフ》閔氏《ビンシ》**の養子にし、世子に冊立《さくりつ》しようと考えた。その決意は臣下に「異議を提起するなら官職を返上せよ」と発するほど断固たるものだった。しかし、これに**宋時烈《ソンシヨル》**をはじめとする**少論《ソロン》派**を中心に、**西人《ソイン》派**が異を唱えた。

「まだ（22歳の）仁顕王后は若く（嫡子誕生の可能性があるうちは）、ただちに庶子を冊立するのは早計」だというのが彼らの主張だった。

粛宗にとって、これは慶事に水を差すような、はなはだ不快な反対だった。しかし、この西人派の王への異議は、庚申換局《キョンシンファングク》で政権を独占し、王権をおびやかすほど勢力を伸ばしていた西人派を失脚させる、またとない機会でもあった。

粛宗は、「王の意見を聞かず、王位をないがしろにする」宋時烈から官職を剥奪《はくだつ》し、流罪ののち、賜死《しし》を命じた。反対を主張した西人派メンバーも同様に処罰し、代わりに**南人《ナミン》派**を大量に登用した。

軽率だった廃妃決定

また、粛宗は昭儀張氏への寵愛と、西人派牽制の2つの目的から、西人派の実力者の娘であった

錦川橋《クムチョンギョ》と進善門《チムソンムン》
粛宗が王宮とした昌徳宮《チャンドックン》に架かる石橋。

仁顕王后の王妃位を廃し、実家へと戻した。

廃妃については、西人派だけではなく南人派からも猛烈な反対が起こった。しかし粛宗は、廃妃反対を上疏《じょうそ》した臣下を火炙りなどの残酷な刑に処し、以後、反対するものは逆賊（反逆者）とすることを布告し、臣下の反対を封じた。

仁顕王后は廃妃され、昭儀張氏は側室の最高位である嬪《ピン》に昇進。**禧《ヒ》嬪《ビン》張《チャン》氏《シ》**と称され、その後、王妃（**継《ケ》妃《ビ》張《チャン》氏《シ》**）へと上げられた。宮女出身で何の後ろ盾もなかった側室が、正妃を押しのけ、一躍王妃へと異例の出世を遂げたのだった。

しかし、王妃となった張氏は、王の寵愛に増長し、王に対しても傲慢《ごうまん》な態度をとるようになり、王の言葉にさえ反抗するようになっていった。

粛宗は、しだいに張氏を疎《うと》んじるようになり、閔氏の廃妃を心から悔いるようになっていた。粛宗は、閔氏を思い出しては、王宮から閔氏の実家の方角に向かってたたずみ、ため息ばかりもらしていたといわれている。

粛宗③ 王后へと復位した閔氏

王の心を読み間違えた南人派

己巳換局《キサファングク》で失墜した**西人《ソイン》派**は、政権転覆のため、廃妃となった**閔氏《ビンシ》**の復位を謀議していた。しかし、この計画に気付いた**南人《ナミン》派**は、逆にこの運動を利用した西人派一掃計画をたくらんだ。

右議政《ウイジョン》で南人派の**閔黯《ミンアン》**は、甘言《かんげん》で西人派のメンバーを裏切らせ、計画を王に告発させた。ところが、この告発は南人派を自滅へと導いた。閔黯は、**粛宗《スクチョン》**の心を完全に読み間違えていたのだ。

粛宗は傲慢《ごうまん》な**継妃《ケビ》張氏《チャンシ》**に愛想をつかし、閔氏の廃妃を悔いるようになっていたのだ。さらに、粛宗の愛情は後宮の**淑媛《スクピン》崔氏《チェシ》**に移っていた。そのため、閔黯の告発は裏目に出た。

王は3度目の換局、**甲戌換局《カプスルファングク》**を起こし、閔黯をはじめとした南人派をしりぞけ、すべての重職を一夜にして西人派へとすげかえた。

閔氏は王妃の地位を回復し、継妃張氏は嬪へと降格された。これで王宮も平静を取り戻すはずだった。しかし、事件はまだ尾を引いた。

甲戌換局から6年後、復位した仁顕王后《イニョンワンフ》が突然の病に倒れ、急死すると、王后の病死が張氏の復位を狙った呪詛《じゅそ》であることが、崔氏から告発されたのだ。

張氏に仕えていた女官たちは尋問され、張氏が毎日のように巫女を呼んでは、王后の死を祈願していたことが裏付けられた。粛宗は、王権を恐れぬ張氏のふるまいに賜死《しし》を下し（**巫蠱《ふこ》の獄**）、ようやく王宮の騒動は収まりをみせた。

こうした換局政治によって王権強化につとめた粛宗は、59歳で薨去《こうきょ》し、王位は**景宗《キョンジョン》**へと引き継がれた。

粛宗と閔氏の往復書簡

閔氏の復位が決まり、宮中入りする前日、粛宗は閔氏をいたわる手札（書簡）を送った。『粛宗実録』に残る二人のやりとりを紹介しよう。

〜・〜・〜・〜・〜

粛宗「（閔氏を廃妃にして後も）恋しく鬱々とした想いが年月とともに深まり、夢で会えばそなたが私の衣をつかみ、涙を流すこと雨の如くであり、目覚めても夢のことを想い、終日、落ち着かなかった。このときの心境をわかってくれるだろうか。…（閔氏を復位準備のため）別宮に移居することができるようになり、こののち、どうして再び会う機会がないだろうか」

閔氏「…玉札（手紙）が特別にくだり、感激し、涙が流れ落ちるばかりです。私邸に安居するのも分が過ぎることですのに、別宮に移居せよとのご命令は卑しい臣の受け入れられるところではございません…」

一旦は復位を辞退した閔氏だが、その後、宮中入りを受け、粛宗は閔氏に衣服を贈った。閔氏は分不相応として、辞退する返信を出した。

粛宗「（返信を見て）対面して話をしているようで、心が広々と開けるように嬉しく慰められ、十回も広げて読み、涙の流れるのを禁じ得なかった。…（宮中入りのための準備は）余が悔恨すること極まりなく、とくに至上の情意を表すものである。過ぎたる辞退をすることなく、安心して衣服を着用するがよく、玉轎《ぎょくきょう》（輿《こし》）に乗って（宮中に）入れ。明日また相まみえるので、まず言葉は尽くさないが、ただわが想いを知り、贈った品物をことごとく受け取り、またいくらかの文字の返事を願うものである」

（粛宗20年4月己卯（12日）条）

第二十代

党争を激化させた軟弱な王

景宗

キョンジョン／けいそう

生存年　1688～1724（享年36歳）
在位年　1720～1724（在位4年）

王を軽んじた老論派

景宗《キョンジョン》は、**肅宗《スクチョン》**と**禧嬪《ヒビン》張氏《チャンシ》**の長男（庶子）。幼名は**昀《キュン》**。幼少期は父王に溺愛され、3歳で世子に冊《さく》立《りつ》された。ところが、王后だった母、張氏《チャンシ》が嬪《ピン》に降格され、さらに巫蠱《ふこ》の獄で賜死《しし》になると、父王の態度は掌を返したように冷淡で過酷なものに変わった。

昀は、庶子である自分の出自や立場を思い知らされ、このころから憂鬱症になったといわれる。

そうした昀の王宮で唯一の味方だったのが、**少《ソ》論《ロン》派**の**南九万《ナムグマン》**と**崔錫鼎《チェソクチョン》**だった。

父、肅宗が**老《ノ》論《ロン》派**の主張を入れて、世子を異腹の弟・**延礽君《ヨニングン》**（**英祖《ヨンジョ》**）に変えさせようと画策したときも、彼らは激しい党争をくり広げ、昀の世子の位を死守した。しかし、この2人が亡くなると老論派と少論派の対立は激化し、そうした党争の最中《さなか》、肅宗が薨去《こうきょ》し、昀は33歳で即位した。

政権勢力は、老論派がほかの派閥を圧倒しており、景宗が即位するとすぐに老論派は延礽君の王位継承を訴え、景宗は自分に味方する少論派の反対をなだめながら、延礽君を世子にした。

自分を擁護する臣下もいない景宗の政権運営は、臣下の言いなりになるしかなかったのだ。

こうした景宗の態度を軟弱とみた老論派は、嵩《かさ》にかかって、今度は景宗の病弱を理由に、延礽君の世弟聴政《せいていちょうせい》（摂政）を迫った。

景宗は「英明な世弟の聴政は大いに助けとなる」と、これにも応じた。しかし、少論派の激しい反対にあうと、景宗は命令を撤回。老論派からふたたび世弟聴政を迫られると、命令の撤回を撤回するなど、王のあいまいな態度は政治を大混乱に陥《おとしい》れた。この混乱を政権奪還の好機と見た少論派は、大胆な一手に打って出た。

少論派は、老論派が景宗に要求する世弟聴政を取り上げ、「五倫の君臣の義が今ほど崩れたことはない」と主張し、「臣下なら（君主を差し置いた）聴政の命に反対して当然なのに翻意《ほんい》した」と、王への不敬・不忠を理由に、老論派への断固とした処断を上疏《じょうそ》した。

景宗は上疏を取り上げ、老論派を処刑や流罪にする換局《ファングク》を行った（**辛丑換局**《シンチュクファングク》）。

この景宗の処断は、老論派に大打撃を与えた。勢いにのった少論派は、さらに老論派の追い落としにかかった。それが「**壬寅獄事**《イミンオクサ》」だ。

少論派は、老論派に加担していた南人《ナミン》派の**睦虎**《モクホ》**龍**《リョン》を買収し、老論派による景宗暗殺計画を告発させた。この告発は朝廷にすさまじい粛清の嵐を呼び、巻き添えになった者を含め百数十名が処罰され、老論派は、ほぼ壊滅状態に追い込まれた。

こうした党争がつづくなか、病弱だった景宗は在位4年めに36歳で薨去《こうきょ》した。

睦虎龍が語った王暗殺の手口

景宗2年（1722）。睦虎龍の告発からはじまった壬寅獄事は、多くの老論派が犠牲になったが、次の英祖の時代に告発が事実無根のものであることが判明した。事件の真相は虚偽だったが、記録に残された睦虎龍の告発から、「三急手《サムグプス》」と呼ばれる当時の国王暗殺の手法を知ることができる。

暗殺の手口：三急手

大急手《テグプス》：刺客による殺害

小急手《ソグプス》：女官による毒殺

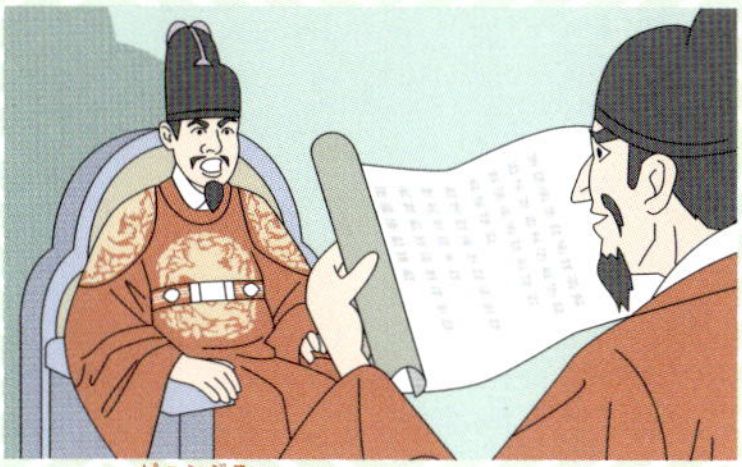

平地手《ピョンジス》：偽造文書による廃位

第二十一代

公にあっては世子の死も辞さず

英祖

ヨンジョ／えいそ

生存年　１６９４～１７７６（享年82歳）
在位年　１７２４～１７７６（在位52年）

英祖肖像画

各派閥を均等に登用

英祖《ヨンジョ》は粛宗《スクチョン》の次男で、景宗《キョンジョン》の異腹の弟にあたる。兄の景宗を助けて世弟時代から国政をとり、兄から何度も王位の交代を要望されたが、景宗支持の**少論**《ソロン》**派**の暗殺を恐れて固辞しつづけた。

景宗薨去《こうきょ》後、英祖は30歳で即位すると、各党から均等に重要ポストに登用する「**蕩平策**《タンピョンチェク》」をとった。

英祖は、壬寅獄事《イミンオクサ》（→ｐ１１７）など政敵を容赦なく排除する党争の恐ろしさを身にしみて知っていた。そこで、党派の扱いには慎重を期し、不偏不党の立場から党争を鎮めようとしたのだ。

英祖は、壬寅獄事に加担した少論派を粛清《しゅくせい》したが、この処分に満足せず、一層の報復処置を主張する**老論**《ノロン》**派**の重鎮を逆に罷免し、少論派を朝廷に登用することで両派のバランスをとった。

しかし、それでも政権の独占を目論《もくろ》むものはあとを絶たなかった。

英祖４年（１７２８）には、政界を追放された**李麟佐**《イインジャ》などの少論派の一部が**南人**《ナミン》**派**と結託し、英祖と老論派から政権を奪おうとする大規模な「**李麟佐の乱**」を起こした。

李麟佐は、景宗急死は英祖の毒殺だとデマを流して挙兵し、一時は慶尚道《キョンサンド》、全羅道《チョルラド》を席巻したが、官軍に破られ、鎮圧された。

米櫃に閉じ込められた王子

この乱ののち、各派は党争を収め、表面上は蕩平策の理念が臣下にも伝わったかに見えた。ところが、争いは水面下に潜み、英祖の身内まで巻き込む事件を引き起こした。

英祖は長男が夭折《ようせつ》したため、次男の**愃**《ソン》（**荘献世子**《チャンホンセジャ》）を世子に冊立した。ところが、少論派・南人派・**小北派**《ソプク》が、愃をかついで政権を掌握しようと動き出した。これを知った老論派は、王と世子の間を裂くために、王に愃の非行をしきりに上疏《じょうそ》した。

英祖は幾度も愃を叱責したが、非行は止まず、27歳のとき、王に無断で地方を遊覧する事件を起こした。英祖は憤激し、愃から世子の地位を奪い、米櫃《こめびつ》に閉じ込めて餓死させた（**荘献世子事件**）。

この英祖の処断に、朝廷は世子の死はやむなしとする「**僻派**《ピョッパ》」、世子に同情する「**時派**《シパ》」に二分した。

愃の死後、英祖は肉親として憐憫《れんびん》の情から、愃に「**思悼世子**《サドセジャ》」の諡号《しごう》を贈り、この処断が「国のために、止むを得なかった」と臣下に伝えた。

英祖は以後も、蕩平策を強化する方策を打ち出し、王権の強化と政権の安定につとめた。

また、思悼世子や先代の王たちの墓参と称して行幸をたびたび行い、民の様子を視察し、儒教の理念に立った経世済民の政治を行い、国情はしだいに安定していった。この英祖の民の声を聴く政治姿勢は、次代の**正祖**《チョンジョ》に引き継がれていった。

蕩平菜《タンピョンチェ》
蕩平策にちなんで名づけられたという前菜。

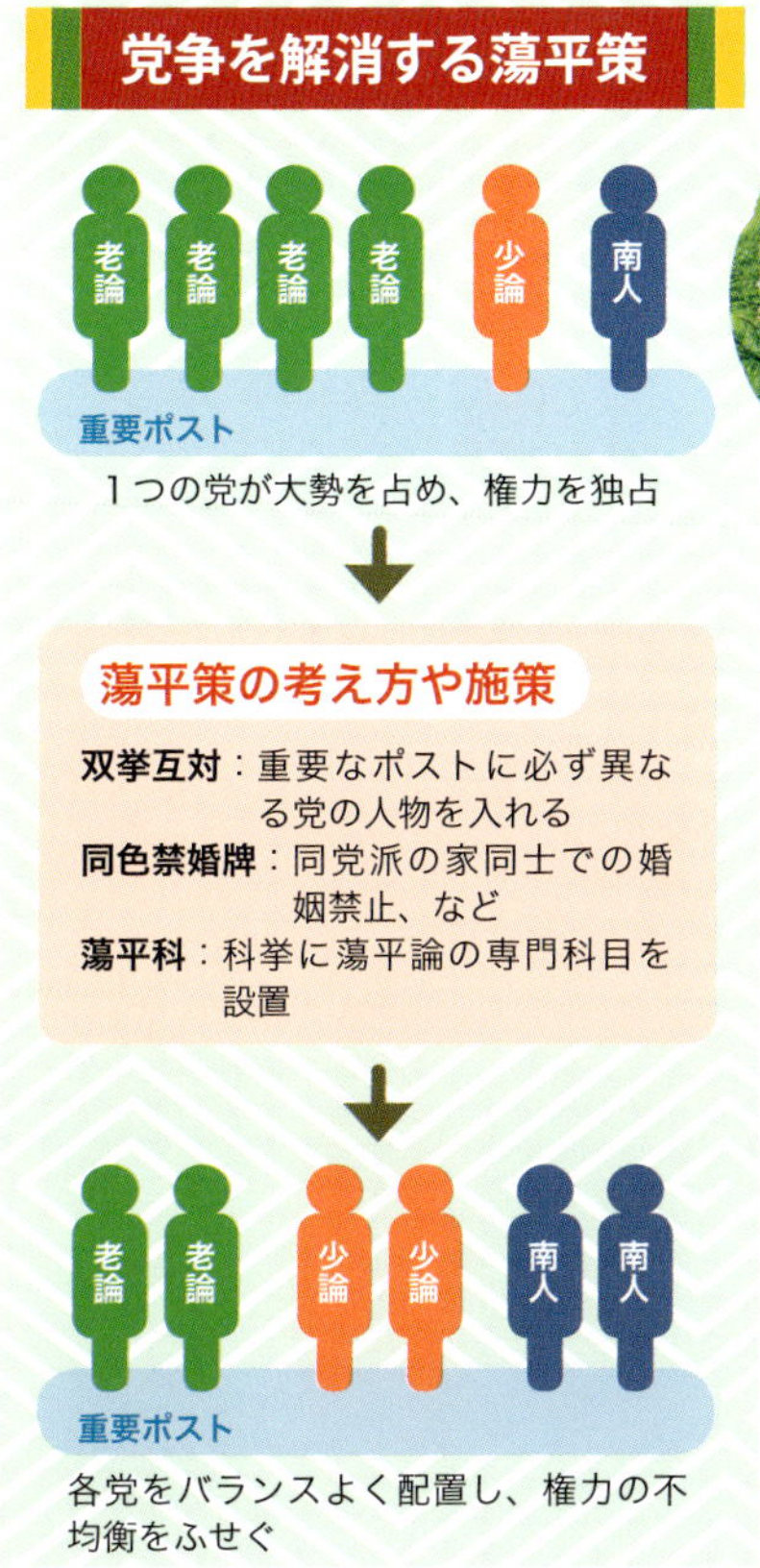
党争を解消する蕩平策
老論
老論
老論
老論
少論
南人
重要ポスト
1つの党が大勢を占め、権力を独占
蕩平策の考え方や施策
双挙互対：重要なポストに必ず異なる党の人物を入れる
同色禁婚牌：同党派の家同士での婚姻禁止、など
蕩平科：科挙に蕩平論の専門科目を設置
老論
老論
少論
少論
南人
南人
重要ポスト
各党をバランスよく配置し、権力の不均衡をふせぐ

第二十二代

民の声に耳を傾けた名君

正祖

チョンジョ／せいそ

生存年　1752～1800（享年48歳）
在位年　1776～1800（在位24年）

奎章閣
王室の学術・政策研究機関兼図書館。正祖即位年（1776）に設置。清からの図書の輸入も活発に行われ３万冊以上の蔵書を所蔵。活字の鋳造や書籍刊行も行った。正祖は奎章閣に「右文之治（学問中心の政治）」「作成之化（生産を通じ発展をつくる）」を名分に掲げ、政治改革の中枢とした。

父を継いだ王道政治

正祖《チョンジョ》は**英祖**《ヨンジョ》の次男である**荘献世子**《チャンホンセジャ》の次男で、英祖の孫にあたる。幼いころから聡明でその才質を見込まれ、荘献世子の死後、8歳で世孫に冊立《さくりつ》。英祖から直接、英才教育を受け、長じては朱子に匹敵する学識を身につけていたといわれる。13歳のころから英祖の行幸に同行を許され、英祖が親しく民に語りかけ、生活上の不安や苦しみを聴く姿から、経世済民の政治を間近に学んだ。

即位後は、英祖の蕩平策《タンピョンチェク》を引き継ぐとともに、儒教研究施設である**奎章閣**《キュジャンガク》を昌徳宮《チャンドックン》内に設置し、儒教の研鑽と人材の育成につとめた。

しかし、正祖が本格的に親政に乗り出す前、世孫時代から頼みにしていた**洪国栄**《ホングギョン》を承政院の重要ポストに抜擢すると、洪国栄は全権を握ったことから増長し、国政を意のままにあやつる＊**勢道**《セド》**政治**（→ｐ１２２）に走った。洪国栄の権勢欲は日増しに高まり、ついには、自分の権力を固めるために、正祖の王妃・**孝懿王后**《ヒョイワンフ》の毒殺まで計画した。しかし、この計画は事前に発覚し、正祖は洪国栄の財産を没収したうえ、政界から追放した。

正祖４年（１７８０）、洪国栄を退けると、正祖は本格的な親政に乗り出した。すでに奎章閣から続々と有能な臣下が輩出され、政治改革の準備は整っていた。

正祖は英祖に倣《なら》い、民間視察のための行幸をたびたび行い、民の訴えを政治に活かす**経世致用**（学問を現実問題に活かす）の政治を実践した。

また、学問を奨励する正祖の姿勢は、「**実学**」＊の隆盛を生み、農業や商工業、医学、地理など、多方面で多くの成果をあげた。

＊勢道政治：王の信任を受けた人物が政権を独占して行う腐敗政治。純祖の代から弊害が大きくなる。
＊実学：真理探究より現実問題の解決を重点とした儒教の学派。

国政でも蕩平策によって、党派間の目立った政争もなくなり、正祖の世は穏やかに過ぎていった。

新たな問題となった天主教

しかし、かねて朝鮮半島で活動をはじめていた**天主教**（カトリック教）が広がりだすと、これが社会問題となり、政界にまで飛び火した。

正祖15年（1791）、天主教教徒の地方両班《ヤンバン》が母親の葬儀を儒教式ではなく、教会式で行ったことから死罪となり、天主教に反対する＊**攻西《コンソ》派**が勢いを持ち、穏健派の＊**信西《シンソ》派**を圧倒しはじめた。

その後、朝廷内の奎章閣出身官僚や有力官僚にも天主教徒がいることがわかると、天主教は政治問題となった。正祖は、その何人かを処罰したが、天主教そのものについては慎重に考え、「様子を見極めたい」として早急に是非を決する態度は取らなかった。しかし、その是非を見極めることなく正祖は48歳で薨去《こうきょ》し、天主教は王朝を揺さぶる大きな火種となっていった。

＊攻西派：僻派（ピョッパ）を中心とした天主教反対の立場をとる党派。
＊信西派：時派（シパ）を中心とした天主教を黙認や受容する党派。

第二十三代

権力を腐敗させた外戚勢力

純祖

スンジョ／じゅんそ

生存年 1790～1834（享年44歳）
在位年 1800～1834（在位34年）

天主教弾圧をすすめる大妃

純祖《スンジョ》は正祖《チョンジョ》の次男で、10歳で即位し、英祖《ヨンジョ》の継《ケ》妃《ビ》・**貞純大妃**《チョンスンテビ》が垂簾聴政《すいれんちょうせい》を行った。

貞純大妃は、**天主教**（カトリック教）に反対する**僻派**《ピョッパ》を支持しており、権力を握ると、天主教が「王や親よりも天主を尊し」と唱え儒教や王権を真っ向から否定する思想を広げようとしている、と指摘。禁教令を発布して、全国で教徒の逮捕・処刑など弾圧を加えはじめた。しかし、この弾圧の裏には、天主教教徒が多い**時派**《シパ》や**南人派**《ナミン》といった敵対勢力排除のねらいがあった。

貞純大妃は、「斥邪（邪悪・邪道の排斥）」の名のもとに、時派の高級官僚や南人派、王族の一部まで容赦なく処刑し、正祖時代からの重臣らも官籍を剥奪《はくだつ》され、流罪とされた（**辛酉迫害**《シニュパケ》）。

また、この弾圧のなか、天主教徒である地方両《ヤン》班《バン》の**黄嗣永**《ファンサヨン》が北京の大司教に送った弾圧の惨状報告と天主教徒保護のための西欧列強による軍事介入を訴えた書状が露見し、大逆罪で処刑されている。

私利私欲に走る官吏

貞純大妃の垂簾聴政は、純祖が14歳を迎えると終わった。しかし、今度は義父の**金祖淳**《キムジョスン》の一族（**安東金氏**《アンドンキムシ》）による利権をむさぼる**勢道**《セド》**政治**がはじまった。

安東金氏の勢いはすさまじく、*三公六卿はもちろん、郡主（知事）のポストも一族が独占した。もはや安東金氏を牽制する勢力はなく、国政は一族の利権を肥やす場となった。

国中の風紀は乱れ、中央も地方も、官吏たちは

＊三公六卿：領議政・左議政・右議政の三政丞と六曹の判書。

洪景来の乱と反乱蜂起の扇動

洪景来の乱

洪景来の乱は、勢道政治に耐えかねた民衆の単なる農民反乱ではなく、地方両班も参加し、純祖の治世を否定する政治的な意味合いもあった。乱に呼応して、蜂起を呼びかける壁書が各地に現れた。

私利私欲を満たすために奔走《ほんそう》した。正規の税に加え、でたらめな徴税を行い、暴利で還穀《かんこく》を取り立てるなど三政《サムジョン》*の乱れは民衆をとことん圧迫した。搾取《さくしゅ》に耐えかねた農民のなかには、逃亡の末、盗族へと身を落とす者が続出した。

そして、ついに民衆の不満は爆発した。純祖11年（1811）、大規模な抵抗運動、**洪景来の乱**《ホンギョンネ》が起こったのだ。

地方両班の洪景来が組織した反乱軍は、挙兵10日で平安北道《ピョンアンプクド》を占領し、漢城《ハンソン》への進軍も計画していたが、定州城《チョンジュ》で官軍に囲まれ、各地に蜂起を呼びかけながら4カ月の間籠城戦を戦った。しかし、数に勝る官軍にしだいに圧倒され、腐敗政治打倒を目指した反乱はついに鎮圧された。

反乱は大きなショックを朝廷に与えたが、貪官《たんかん》汚吏《おり》の跳梁《ちょうりょう》は、一向にあらたまる気配がなかった。

この腐敗政治のなか、純祖は、公奴婢の解放という画期的な身分制度の改変も実施したが、これも税の増収をはかるものであり、勢道政治に蹂躙《じゅうりん》され、民のための功績を残すことはできなかった。

純祖は薨去《こうきょ》後、「純宗《スンジョン》」の廟号《びょうごう》が贈られたが、中国・朝鮮ともに慣例として過去にその王名がなく、哲宗《チョルチョン》の時代に天主教から祖国を守った功があるとして、あらためて「純祖」の名が贈られた。

＊三政：田政（土地税）・軍制（兵役とその代替の税）・還政（還穀：農民への米穀の貸出）の３つを指す。

第二十四代

勢道政治のお飾りだった王

憲宗

ホンジョン／けんそう

生存年　1827～1849（享年22歳）
在位年　1834～1849（在位15年）

腐敗しつづける王朝

憲宗《ホンジョン》は純祖《スンジョ》の孫で、4歳で世孫に冊立《さくりつ》。純祖薨《こう》去《きょ》後に7歳で即位した。純祖の妃・**純元王后**《スヌォンワンフ》が垂《すい》簾聴政《れんちょうせい》を行い、14歳から憲宗の親政がはじまったが、純祖時代からの**安東金氏**《アンドンキムシ》や憲宗の母の外戚、**豊壌趙氏**《プンヤンチョシ》の**勢道政治**《セド》がつづき、王は飾り物でしかなかった。

王権はすでに地に堕ち、貪官汚吏による政治の腐敗、民からの非道な搾取《さくしゅ》がつづいていた。

地方官吏は中央に進出する賄賂《わいろ》を稼ぐために売官売職をし、官吏の地位を買った者は、元手を取り戻したうえに、さらに私腹を肥やすため、徹底的に農民や民衆から金を搾《しぼ》り取っていた。

こうした官吏の収奪は朝鮮全土に蔓延《まんえん》し、洪《ホン》景《ギョン》来《ネ》の乱（→p123）後も、農民蜂起が各地で頻発した。また、政治の混乱を突いて、憲宗2年（1836）に地方両班《ヤンバン》の**南膺中**《ナムウンジュン》が正祖の異腹弟の孫・**元慶**《ウォンギョン》を擁した謀叛が起こり、憲宗10年（1844）には朝廷の医員（中人《チュンイン》）・**閔晋鏞**《ミンジニョン》がこれも元慶をかついだ謀叛を起こした。

どちらも事前に計画が察知され、関係した者はすべて処刑されたが、地位の低い地方両班や中人が王位を簒奪《さんだつ》しようとしたこの両事件は、王権の失墜を象徴するものだった。

天主教の隆盛と西欧列強の影

こうした世の乱れは、禁制の**天主教**（カトリック教）の爆発的な隆盛を呼んだ。

救いを求める民衆と西欧の学問を求める知識人が続々と信徒になり、その規模はローマが朝鮮国内にカトリックの大教区を承認するほど成長して

明洞聖堂《ミョンドンソンダン》
ソウル市内明洞にある韓国最古のカトリック教会。正祖時代に「明礼坊《ミョンレバン》」という宗教集会により信仰共同体が形成されたのをきっかけとして、1892 年にフランス人のコステ神父の指揮によって建設が始まり、1898 年高宗時代に完成。敷地内には韓国最初の司祭・聖アンドレア金大建《キムデゴン》の胸像がある。

いた。しかし、天主教の勢いが増すとともに朝廷の弾圧はますます容赦のないものとなり、憲宗５年（１８３９）の**己亥迫害**《キヘパケ》では、３人のフランス人神父ほか70余人が、そして、憲宗12年（１８４６）**丙午迫害**《ピョンオパケ》では朝鮮人初の神父・アンドレア金大建《キムデゴン》を含め20余人が処刑された。

フランス人神父の処刑は、フランスとの外交問題に発展し、憲宗12年（１８４６）には、フランス軍艦３隻が問責書簡を携えて朝鮮に来航した。朝廷は、清を通じてフランスに回答書を送り、これが朝鮮王朝初の西洋への外交文書となった。

18世紀ごろから、朝鮮半島の近辺には、こうしたフランス艦隊をはじめ、西欧の船が出没するようになり、人々は「異様船《イヤンソン》」と呼んでいた。

フランス艦隊が来航した前年には、イギリスの軍艦サマラン号が済州島《チェジュド》などを不法に測量して去るなど、朝鮮王朝にじわじわと西欧列強が迫りつつあった。しかし、鎖国政策をとる朝鮮王朝は、国際情勢の変化や西欧の機械技術の進歩を知ることもなく、朝廷内の権力闘争に明け暮れていた。

憲宗は安東金氏が牛耳《ぎゅうじ》る国政にイヤ気が差し、酒色にふける日々を送り、22歳の若さで病没した。

第二十五代

農夫から君主になった王

哲宗

チョルジョン／てつぞう

生存年 1831～1863（享年32歳）
在位年 1849～1863（在位14年）

勢道政治に都合のよい王を

朝鮮王朝の歴史のなかで、**哲宗**《チョルジョン》ほど数奇な運命をたどった王はほかにいない。

病弱だった憲宗《ホンジョン》が、後継ぎも残さずに死期が迫ると、王朝は王権を継ぐ6親等以内の王族が一人もいないという異例の事態に襲われた。

こうした状況のなか、政権を握っていた安東金《アンドンキム》氏《シ》の政敵、**豊壌趙氏**《プンヤンチョシ》一派が憲宗の甥にあたる**李夏**《イハ》**銓**《ジョン》を新王に推した。これにあわてたのが安東金氏だった。

李夏銓は**僻派**《ピョッパ》に近く、彼が即位すると安東金氏一族は、僻派によって一人残らず王朝から追い出されることになる。そこで安東金氏は、王族中の人物から、急いで自分の意のままにできる王を物色した。

安東金氏が目をつけたのは、米櫃《こめびつ》に閉じ込められて餓死した荘献世子《チャンホンセジャ》の曾孫、**李元範**《イウォンボム》だった。

李元範は、正祖時代に祖父である恩彦君《ウノングン》の謀反の罪に連座して、父や兄とともに江華島《カンファド》へ流され、農夫として暮らしていた。それを安東金氏は、自分が外戚になるために一族の娘をめとらせ、王位継承の序列を無視して無理やり即位させた。

国政から遠ざけられた王

こうして一介の農夫に過ぎなかった18歳の若者は突如、国王として王位についたのだった。

学問も知らず、治世の道も学んだことのない哲宗は、ただのお飾りでしかなかった。しかし、哲宗は、勢道《セド》政治の弊害で貧困に苦しむ民に救済金を施すなど、精一杯の救民施策を行った。ところが国政は安東金氏が握っており、哲宗は政治から

哲宗の家系図

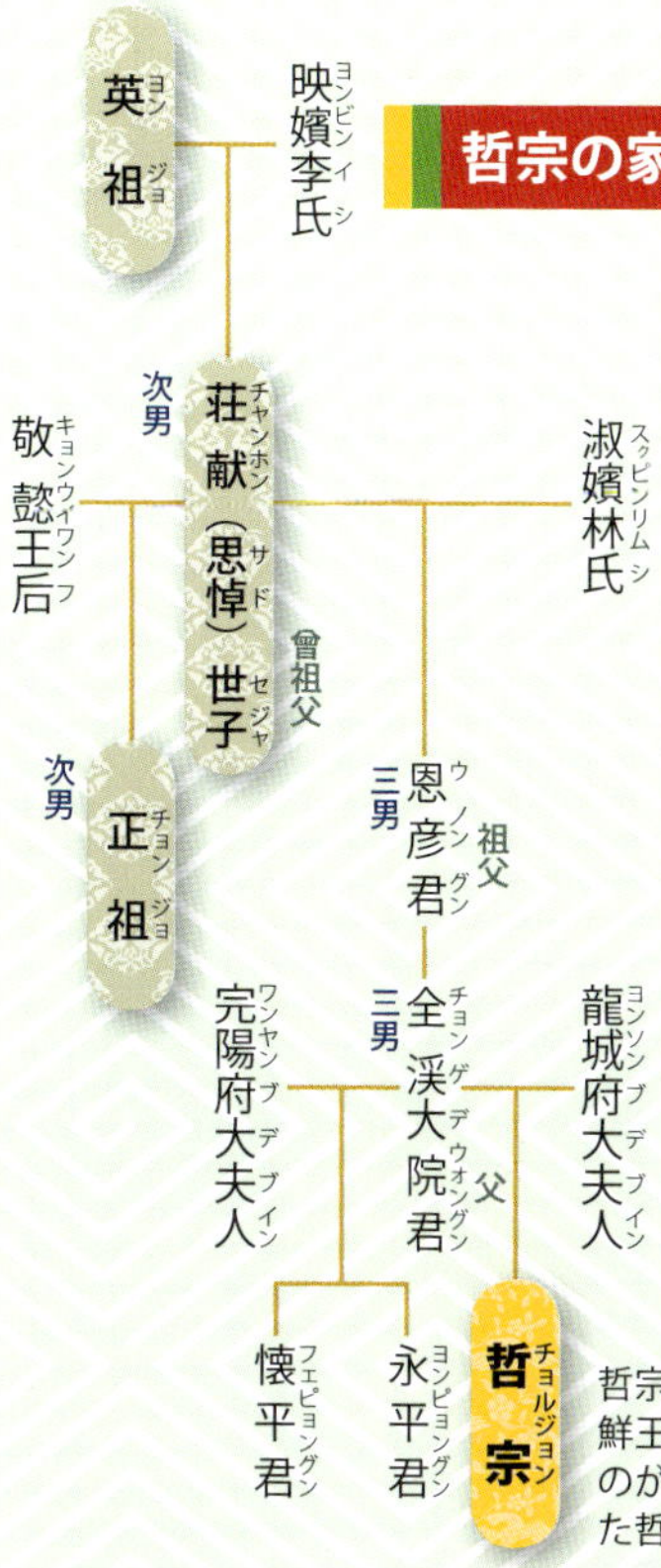

哲宗肖像画

哲宗は前王の憲宗の７親等の親族で、憲宗の遠い叔父にあたる。朝鮮王朝の王位継承では、親族関係の下流にあたる弟や甥に継がせるのが原則で、上流の叔父に継がせることはない。安東金氏が策謀した哲宗の王位継承は、こうした序列も無視した、掟破りなものだった。

引きはなされ、政界の外へと追いやられた。

王としての責務をなにも果たせないことから、哲宗は、しだいに酒色に溺れるだけの生活へと堕ちていった。

安東金氏のやりたい放題の腐敗政治を横目にしながら、在位14年め、健康を損なった哲宗は32歳の若さで病没。後継者を残すこともなかった。

龍興宮《ヨンフングン》
哲宗の江華島時代の住居。藁葺きが瓦葺きになるなど一部、改修されている。

第二十六代

王朝の滅亡を見届けた王

高宗

コジョン／こうそう

生存年　1852～1919（享年67歳）
在位年　1863～1907（在位44年）

主和売国を訴えた摂政

高宗《コジョン》は、英祖《ヨンジョ》の来孫《らいそん》＊にあたる。傍系の血筋だったが、哲宗《チョルジョン》に世継ぎがいないことから、興宣大《フンソンデ》院君《ウォングン》らの推戴により、11歳で即位した。

朝廷は**安東金氏《アンドンキムシ》**の**勢道《セド》政治**が続き、高宗の摂政に立った興宣大院君は勢道政治を粉砕し、腐敗した三政《サムジョン》（税制度↓p123）を正すため、貪官汚《たんかんお》吏《り》を処罰し、両班《ヤンバン》の優遇税制を改めるなど、国政の正常化と王権の強化に邁進《まいしん》した。

その一方で、王朝の理念である儒教の根幹を揺るがす西洋文化を排斥するため、民心に鎖国政策を訴える**斥和碑《チョクァビ》**を各地に建て、西洋を駆逐する戦いを呼びかけた。また、国にはびこった天主教（カトリック教）弾圧をすすめた。

しかし、すでに国際情勢は激変しており、中華だけが世界であった時代は終わっていた。やみくもに国を閉ざす大院君の政策は、欧米列強との衝突を起こし、王朝の崩壊へとつながっていった。

砲艦外交で迫る蛮夷の群れ

大院君の天主教迫害令によって、6年間で8千人を超える天主教徒が虐殺された（**丙寅迫害《ピョンインバッケ》**）。

興宣大院君
高宗の実父。摂政を10年間つとめ、鎖国政策を堅持した。

斥和碑
大院君が全国に設置した石碑。「西洋蛮夷が侵犯するのに戦わないのは洋夷との和親。和親を主とするのは売国なり」と刻み、民衆に外国との戦いを呼びかけた。

＊来孫：5代あとの子孫。孫、曾孫（ひまご）、玄孫（やしゃご）のつぎが来孫。

高宗
1897年、自主独立を掲げて大韓帝国皇帝に即位したころの肖像写真。

そのなかにはフランス人司祭9人も含まれており、1866年、フランスは報復として、軍艦7隻の艦隊で江華島《カンファド》を武力制圧し、漢城《ハンソン》への食料輸送を阻止するため、漢江《ハンガン》河口を海上封鎖した。王朝側はただちに2千人の兵を動員し、辛くもフランス軍を撃退した（**丙寅洋擾《ピョンインヤンヨ》**）。こうした西洋との武力衝突は、すでに半島の沿岸で頻発していた。

通商を強要して大同江《テドンガン》をさかのぼってきたアメリカの武装商船に、平壌《ピョンヤン》の群衆が焼き討ちをかけた事件（**ジェネラル・シャーマン号事件**）では、アメリカがこれをきっかけに、砲艦外交を開始し、1871年、軍艦5隻で江華島を占領。通商貿易を迫ってきた。大院君はこれを猛烈に拒否し、1カ月かけて、アメリカを撤退させた（**辛未洋擾《シンミヤンヨ》**）。

しかし、こうした大院君の摂政政治も高宗が成人するとともに終わり、朝鮮王朝が固辞してきた鎖国政策も転換を迎える時がやってきた。

アジアでいち早く、近代国家としてスタートした日本が、富国強兵をはかるため、突如、砲艦外交で王朝の門戸をこじ開けようとしてきたのだ。

1875年、日本は雲揚号《うんようごう》をはじめとする軍艦3隻を江華島沿岸に差し向け、朝鮮王朝軍の砲撃を機に、砲台がある永宗島《ヨンジョンド》を一時的に占拠した（**江華島事件**）。その後、日本からは特命全権大使の**黒田清隆**が送りこまれ、通商貿易条約の締結を迫ってきた。

開国か、それとも鎖国の維持か。朝廷は二者択一を迫られたが、連日の重臣会議でも議論は平行線をたどり、結論は容易に出なかった。

高宗②　亡国への道をたどる朝鮮王朝

財政を圧迫する開化政策

興宣《フンソン》大院君《デウォングン》が朝廷から去り、高宗の親政がはじまった。しかし、政権を掌握したのは王ではなく、王妃閔氏《ミンシ》（**閔妃《ミンピ》**）の外戚勢力であり、政権は22歳の閔妃がリーダーとなった閔氏政権とも呼ぶべきものだった。

閔妃は鎖国を廃して、隣国の日本から新しい知識や技術を導入しようと考えていた。しかし、朝廷では閔妃に同調する**開化派**に対して、交易は亡国につながるとする斥倭論を主張する**守旧派**が対立し、外交政策の結論は容易に出なかった。

そんな最中《さなか》、対立の均衡が清の重臣・**李鴻章《りこうしょう》**の書信によって、破られた。

「日本の開港要求受諾が朝鮮の国益となる。条約拒否による倭との戦争に、清は責任を負えない」とする宗主国の言葉が、開化派を後押しすることとなったのだ。朝廷は開国を決し、日本と**日朝修好条規**（**江華島条約**）を締結し、欧米各国とも同様の条約締結に応じた。

王朝の門戸がついに開かれ、開化派を中心に王朝の急速な近代化がすすめられた。

日本への留学生の派遣、行政改革、軍備刷新など、近代化には膨大な予算が必要で、財政はたちまち逼迫《ひっぱく》した。しかも、このころから閔妃は権力に溺れるようになり、政治をないがしろにして呪術にふけり、巨額の布施《ふせ》をほどこしたり、毎晩のように宴を開いたりするなど、すさまじい浪費によって国庫はまたたく間に底をついた。

朝廷は閔妃の浪費を穴埋めするための民への重税と搾取、予算の削減を立て続けに実施した。その影響は各所に現れたが、軍部には深刻な被害を

閔妃肖像画
開国による近代化を目指したが、結果的に外国につけいる隙を与え、朝鮮王朝最後の王妃となった。

及ぼした。兵士の給与が12カ月も延滞し、その上、新式軍ができたことで、差別された旧式軍兵士の不満が爆発。ついに高宗19年（1882）、反乱が起こった（**壬午軍乱**《イモグルラン》）。

反乱軍は日本の公使館員や閔氏一族を殺害し、昌徳宮《チャンドックン》にまで攻め込み、政権の頂点にいる閔妃を捕らえようとした。騒動をいち早く知った閔妃は、宮女に化けてかろうじて王宮を脱出し、京畿《キョンギ》道《ド》の長湖院《チャンホウォン》に身をひそめた。

迷走する閔妃の外交政策

閔妃が去った朝廷では、軍の要請で興宣大院君が国政に返り咲いた。大院君は、行方《ゆくえ》をくらませた閔妃の虚偽の国葬を強行して、閔氏政権が倒れ、政権が交代したことをアピールしようとした。しかし、大院君の再執権は、軍乱鎮圧に出動した清軍によってたちまち倒された。

軍乱はおよそ1カ月で収まったが、朝鮮王朝はこの事件以後、急速に破滅へのコースをすすみはじめた。

軍乱鎮圧のために国内に引き入れた清や日本の軍隊が動乱鎮圧後も撤退せず、両国が朝鮮半島の覇権を競いはじめたのだ。

さらに、閔氏が朝廷に復帰すると、両国の関係はますます悪化した。閔氏が親日政策から、清への事大政策*へと転換したため、清と日本の緊張は一気に高まった。朝廷内も**親日派**（**開化派**）と**親清派**（**守旧派**）に分裂し、政治の混乱は、他国の

＊事大政策：大に事（つか）える「事大主義」に則り、小国である朝鮮が大国である清（中国）にしたがう政策。

郵征総局跡
甲申政変の舞台となった場所。当時の建物が補修され、現在は記念館となっている。

つけいる隙をますます広げていった。

近代国家を目指した高宗

閔氏《ビンシ》が清に依存する事大政策をとったため、政権は、これを支持する守旧派が大勢を占めた。劣勢に追いこまれた**金玉均**《キムオクキョン》をはじめとする開化派は、清の干渉をしりぞけ、自主独立を獲得するために、日本に資金援助と兵力の動員を依頼し、クーデターを起こした。

開化派は、郵征局《ウジョングック》（郵政官庁）設立の祝宴に日本軍を呼び込むと、出席した**高宗**《コジョン》と**閔妃**《ミンビ》を奪取し、守旧派の大物たちを殺害。新政府樹立に成功した（**甲申政変**《カプシンチョンビョン》）。ところが、その翌日には、**袁世凱**《えんせいがい》率いる清軍が出動し、日本軍は撤退。開化派新政府は倒された。金玉均らは日本に亡命したが、金玉均はのちに香港で暗殺され、死体は朝鮮各地で晒《さら》された。

この政変ののち、日本と清は**天津**《てんしん》**条約**を結び、互いに朝鮮半島から兵を撤収させたが、清と日本の内政干渉はいっそう増大し、朝鮮半島は略奪的な経済侵略にさらされた。

豊作になっても、米は国外に流出し、米価は暴騰。民衆の貧困は極限にまで達し、1894年3月、**東学教徒**を中心に農民が結集し、人間平等と社会改革を訴える**甲午農民戦争**（**東学党の乱**）が起こった。

高宗は民心収拾をはかり、乱を鎮めようとしたが、農民軍の勢いは止まらず、朝廷は農民軍と和睦を結ぶことで乱を鎮めた。しかし、反乱鎮圧のために再度、出兵してきた日清両国は、朝鮮での覇権争いに決着をつけるため激突。同年7月に**日清戦争**が起こった。結果、日本軍が清に勝利すると、清は朝鮮から追い出され、日本の内政干渉はますます強くなった。

日本は清へと傾き、日本を退けようとした閔妃を除こうと画策したが、閔妃は**排日親露政策**を打ち出し、今度はロシアの助力を得て政権を奪還し、

大韓帝国国旗

皇穹宇《ファングンウ》
高宗の皇帝即位後に設けられた建物。皇帝が祭祀を行うときに先祖の位牌を安置した。

政界から親日派の追い出しにかかった。これに対して、親日派は日本と手を組み、国政を正すという大義名分で、日本軍を景福宮《キョンボックン》に侵入させ、閔妃を殺害し、親日派内閣を樹立した（**乙未事変《ウルミサビョン》**）。

事変後、身の危険を感じた高宗はロシア公使館に避難し（**俄館播遷《アグァンパチョン》**）、公使館から国政をつかさどり、親露政権を樹立して親日派を断罪した。

高宗がロシア公使館に身を移してから一年後、1897年、官僚らの意見を受けて、高宗は慶運《キョンウン》宮《グン》に遷《うつ》り、日本や清の従属を退け、真の独立国として国権を強化するため**大韓帝国《テハンチェグク》**を樹立、自《みずか》ら皇帝に即位した。

しかし、1904年、日露戦争が勃発すると、戦争の最中、日本は大韓帝国の財政・外交に関与する**第一次日韓協約**を高宗に強要して調印させ、ロシアに勝利すると、翌年には大韓帝国の外交権を接収する**第二次日韓協約**を調印させた。この協約により、大韓帝国は日本の保護国と化し、漢城には韓国統監府が設置された。

条約締結を後悔した高宗は、条約破棄の密使をハーグの万国平和会議に送ったが、会議への参加を拒否され、計画は失敗（**ハーグ密使事件**）。逆に、親日派に密使を送った責任を追及され、高宗は皇帝位を純宗《スンジョン》に譲位することとなった。

高宗は退位後、日韓併合により国が失われていく様を見ながら、67歳で薨去《こうきょ》した。

高宗の国葬では、全国から多数の人々が集まる機会をとらえて、*民族代表33人に賛同する学生らが「独立宣言書」を朗読。「独立万歳」を唱えて市内をデモ行進し、数万人の民衆が参加する大規模な独立運動が起こった（**三・一運動《サミルウンドン》**）。

＊民族代表33人：独立運動を計画した宗教指導者らを中心とする33人。独立宣言書を起草、印刷、配布した。葬儀での大衆への朗読を断念し、自分たちだけで集まり、独立宣言書を朗読したのちに自首し、逮捕された。

第二十七代

亡国の皇帝

純宗

スンジョン／じゅんそう

生存年 1874～1926（享年52歳）
在位年 1907～1910（在位3年）

純宗
大韓帝国第２代皇帝。皇帝に即位して３年後、大韓帝国は日本に併合された。

国権を奪われる大韓帝国

純宗《スンジョン》は、**高宗**《コジョン》と**閔妃**《ミンピ》の一人息子。誕生の翌年には世子に冊立《さくりつ》され、23歳のとき、大韓帝国建国に際して皇太子となった。ハーグ密使事件をきっかけに、高宗が*親日派の**李完用**《イワニョン》らに退位を強要されると、純宗は33歳で第2代皇帝に即位した。しかし、すでに大韓帝国の実権は、そのほとんどが日本に握られており、純宗は傀儡《かいらい》にすぎなかった。

純宗の即位とともに、日本は**第三次日韓協約**の締結を強要し、*内政権は韓国統監府の管轄下に置かれ、大韓帝国の主権は根こそぎ日本に奪われることとなった。しかし、条約締結には、まだ裏があった。条約の非公開の覚書には、大韓帝国軍の強制的な解散が明記されており、日本は軍事力も取り上げてしまったのだ。

軍の解散命令が発せられると、第一連隊大隊長の**朴昇煥**《パクスンファン》は憤激し、「国を守る軍をまかされていながら、使命を果たせなかった」ことを皇帝に詫《わ》びる遺書を残し、拳銃で自決した。この事件は、大韓帝国軍の反日運動の引き金となり、各地の拠点で日本軍への抵抗がはじまった。しかし、日本

＊親日派：開化派を中心に結集した派閥。
＊内政権：官吏の任命権。日本は重要部署の次官に日本人を任命し、次官政治を行った。

伊藤博文
韓国統監府初代統監をつとめた。

軍の圧倒的な武力の前に抵抗軍は壊滅した。生き残った兵士たちは義兵軍に合流、以後は主権回復のために抵抗運動をつづけた。

こうして、独立国としての国権をすべて奪われた大韓帝国の命脈は、もはや風前の灯火《ともしび》だった。

日本が策謀した日韓併合

1909年10月、南下政策をとるロシアの蔵相、**ココツェフ**と満州・朝鮮問題についての会談のため、哈爾浜《ハルビン》に赴いた枢密院議長の**伊藤博文**が銃で撃たれ、絶命した。

銃撃したのは、大韓義軍参謀中将の安重根《アンジュングン》だった。安重根はその場で逮捕され、取調べで伊藤が大韓帝国の独立主権を奪ったいくつもの事例をあげ、自分は大韓義軍の資格で銃殺したと述べた。その後、安重根は旅順の関東都督府地方法院で死刑判決を受け、処刑された。

この事件を機に、日韓情勢は一気に動いた。

同年の12月に、日本は親日勢力の政治結社、***一《イル》進会《チンフェ》**を動かし、日韓合併を請願する「韓日合邦建議書」を純宗と首相の李完用から韓国統監府に提出させ、翌年8月22日、大韓帝国は「韓国皇帝陛下ハ韓国全部ニ関スル一切ノ統治権ヲ完全且永久ニ日本国皇帝陛下ニ譲与ス」と記した**日韓併合条約**に調印した。

純宗は8月29日に国を譲る詔勅を下し、条約が発効されると、大韓帝国は消滅した。

純宗の皇帝位は降格され、王族として李王に封じられた。その後、16年を昌徳宮《チャンドックン》で過ごし、日本の王公族・昌徳宮李王坧《しょうとくきゅうりおうせき》として52歳で薨去《こうきょ》した。葬儀は、朝鮮王朝式の国葬として営まれた。その際、多くの人が集まる機会を利用して*朝鮮共産党や学生らによる独立示威運動がソウル各所で行われ、官憲と衝突して多くの検挙者が出た（**六《ユク》・一〇《シプ》万歳《マンセ》運動《ウンドン》**）。

＊一進会：日露戦争のころ結成された政治結社、親日御用団体。会員は公称100万人。
＊朝鮮共産党：1925年結成。官憲の弾圧により壊滅と再建をくり返しながら、大衆闘争をつづけた。

日韓併合　純宗の詔勅

日韓併合条約の発効にあたって、純《スン》宗《ジョン》は最後の詔勅を下した。この詔勅が朝鮮半島を500年、統治した李家の万民への最後の言葉となった。

〜・〜・〜・〜・〜

皇帝はつぎのようにいう。「朕《ちん》は徳のない身で困難な大事業を受け継ぎ、君主となって以来今日に至るまで、政令を維新するに関して、これを速《すみ》やかにはかり、備え試し、いまだかつてないほどに力を尽くしてきたが、由来、積もり積もった弱さが長患《ながわずら》いをなし、疲弊は極《きわみ》に達し、一定の時間内に挽回しうる措置は望むべくもなく、真夜中に憂慮するに善後の策は茫然としている。このままにしておいて、混乱した状況がますますひどくなれば、ついにはおのずから収拾できなくなるだろうから、むしろ大任を人に托し、完全なる方法と革新的な効果を得るようにするにしくはない。ゆえに朕はここにおいて*瞿然《くぜん》として内省し、*廓然《かくぜん》としてみずから決断して、ここに韓国の統治権を以前から親しく信じて頼りにしてきた隣国大日本皇帝陛下に譲与し、外には東洋の平和を強固にし、内には朝鮮八道の民生を保全しようと思うので、ただなんじら大小臣民は、国勢と時宜《じぎ》を深く察し、騒動を起こすことなく、おのおのその生業を安んじ、日本帝国の文明新政に服従し、幸福を共に受けよ。朕の今日この挙は、なんじら民衆を忘れてのことではなく、誠になんじら民衆を救い活かそうとする至情から出ているので、なんじ臣民等は、朕のこの意をよく理解しておのがものとせよ」。

（『純宗実録』巻4、3年8月29日条）

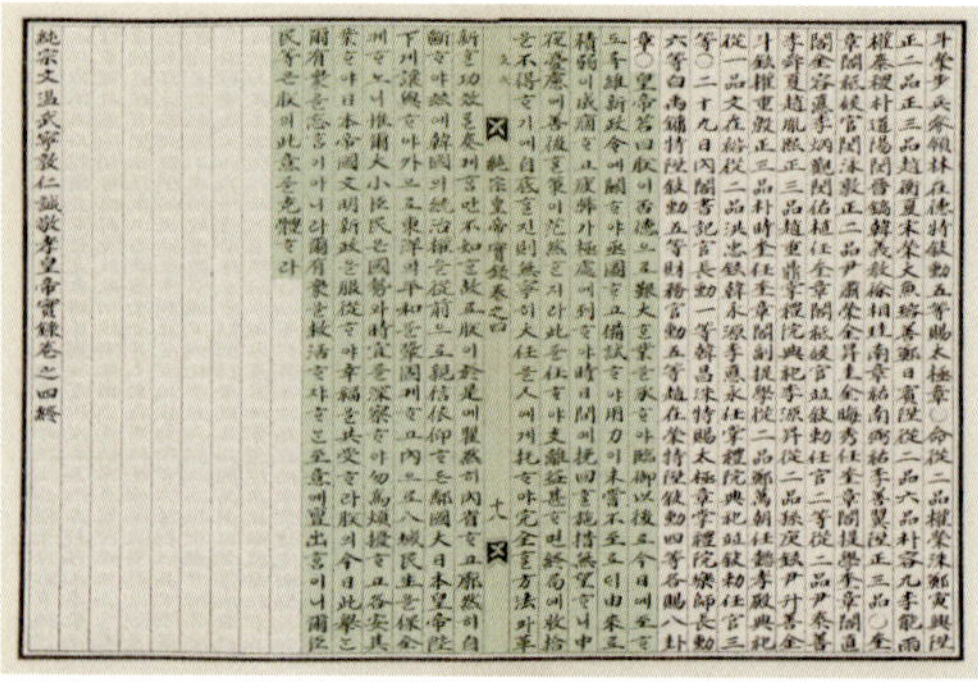

『純宗実録』詔勅（緑の部分）を記録したページ。当時の正式な表記である国漢文（漢字・ハングル混用文）で記録されている。（出典：『李朝実録』第56冊　学習院東洋文化研究所・1967年）

＊瞿然：ぎょっとして驚くさま。
＊廓然：心が広くわだかまりのないさま。

第3部 朝鮮王朝を彩った偉人たち

科学者

科学技術を主導した 蒋英実

チャンヨンシル／しょうえいじつ

生存年　1390頃～1450頃
活躍時期　第4代世宗時代

奴婢の身分ながら技官に抜擢

世宗《セジョン》の治世には、広汎な文化振興政策により、科学技術が飛躍的に発展した。その実現に大きく貢献した人物の1人が、中世朝鮮の最高の科学者と称される**蒋英実**《チャンヨンシル》である。

彼は、中国（元）から帰化した父と官妓である母の間に生まれ、身分制度の厳しい封建社会にあって、官奴生活を送っていた。

しかし、彼には卓越した技術的才能が備わっていたことから、身分の壁を乗り越えて、重用されていくことになる。

太宗《テジョン》の時代に、彼はすでに宮中に取り立てられて仕事をしていたが、世宗がその才能を高く評価し、奴婢の身分ながら、技術官僚に異例の抜擢をしたのである。

世宗3年（1421）、蒋英実は技術研修生として、当時、科学先進国であった**明**に派遣され、多くの科学技術を習得した。そして、留学から帰国すると、奴婢の身分から解放され、*尚衣院別《サンウィウォンビョル》坐《チャ》という官職に就き、本格的な宮中技術者として、実績を積み重ねていくのである。

仰釜日晷と自撃漏の製作

この時代、科学技術は多彩な分野で発展したが、なかでも重要な意味を持ったのが**天文学**の分野である。天文観測は、農作物の収穫予測に欠かせなかったのに加え、天の異常な変動が王の悪政に対する天罰だと考えられていたこともあり、国家の重大な関心事だったからである。

世宗20年（1438）、王命により蒋英実は天体の運行とその位置を測定する**欽敬閣**《フンギョンガク》を建て、

＊尚衣院別坐：尚衣院は宮中の財貨・宝物の管理などを担当する部署。別坐は正・従五位の官職。

仰釜日晷
復元された仰釜日晷。

そこに設置する天体観測器具「渾天儀《ホンチョニ》」などの製作に当たった。

　さらに、蒋英実の業績として注目すべきなのは、「仰釜日晷《アンブイルグ》」と「自撃漏《チャギョンヌ》」の製作である。

自撃漏
４つの水甕《みずがめ》と２つの円筒形の青銅の水受けで構成された水時計。内部の鉄球をつけた棒が、水位によって、てこの原理で鐘や鼓を打って時刻を報《しら》せた。

　仰釜日晷は、釜のようになった半球の中心に針が立っており、針の先の位置で時間を、針の影の長さで季節を計ることができる日時計である。形が半球になっているのは、蒋英実ら当時の学者たちが太陽の動きを正確にとらえ、地球が丸いと認識していたことを意味する。

　一方、自撃漏は蒋英実が金銚《キムジョ》とともに製作した初の自動時計。時、*更・点に分けて自動で鐘、鼓などを鳴らして時を知らせるしくみである。

　ほかにも、蒋英実は雨量計を製作し、金属活字や印刷機を改良するなど、世宗時代の輝かしい科学革命を先導していった。

　ところが世宗24年（１４４２）、彼の監督下で製造された王の輿《こし》が破損する事故が発生し、不敬罪に問われてしまう。官奴出身の蒋英実を重用することに反対する者も多かったため、さすがの世宗も減刑をするに留めざるを得なかった。

　とはいえ、蒋英実の人生は、まさに科学技術の発展に捧げられた一生であったといえるだろう。

＊更・点：更は日の出から日の入までの一夜を五等分した時間の単位。点は五更をさらに四ないし六等分した時間の単位。

忠臣

命を捨て忠義を貫く

死六臣

サユクシン／しろくしん

活躍時期　第6代端宗～第7代世祖時代

世祖を批判し端宗復位を謀る

第7代の王・世祖《セジョ》は、形の上では甥である先代の端宗《タンジョン》から譲位され、即位したことになっている。しかし、その実態は、癸酉《ケユ》靖難《ジョンナン》（→p63）というクーデターによる王位簒奪《さんだつ》であった。

この暴挙に対して、反発を覚えた者は少なくなかった。とりわけ、**文宗**《ムンジョン》から端宗の行く末を託された**金宗瑞**《キムジョンソ》ら、**集賢殿**《チッピョンジョン》の若い学者たちは、世祖の強引な王位獲得のやり方を強く批判した。

世祖の行為は、義を重んじる儒学者にとって、とうてい許せるものではなかったからだ。

世祖2年（1456）、集賢殿の学者たちは、譲位後に上王となって引退させられた端宗の復位を求める運動を計画。その首謀者となったのが、**成三問**《ソンサンムン》、**朴彭年**《パクパンニョン》、**河緯地**《ハウィジ》、**李塏**《イゲ》、**兪応孚**《ユウンフ》、**柳誠**《ユソン》**源**《ウォン》の6名である。

ちょうど、成三問の父である**成勝**《ソンスン》と兪応孚が王を護衛する**別雲剣**《ピョルンゴム》に任命されたこともあり、昌徳《チャンドッ》宮《クン》で明からの使者をもてなす宴が開かれる機会を狙って、世祖を暗殺しようという動きがにわかに具体化したのである。

後年、忠臣として顕彰される

ところが、このクーデター計画は失敗に終わってしまう。

宴の当日になって、世祖の側近である**韓明澮**《ハンミョンフェ》が、会場が狭いことを理由に、別雲剣が同席するのをやめるべきであると提案。世祖も同意したために、計画が実行できなくなってしまったのだ。

リーダー格の成三問は、後日を期して、いったんは事を収束させようと考えたが、兪応孚は決行

義節祠《ウィチョルサ》
死六臣の墓地の前にあり、６人の位牌を祀っている。

を主張。このように意見が割れてしまったことが賛同者の疑心を呼び、**金礩《キムジル》**という人物が、岳父で議政府《ウィジョンブ》の一員である**鄭昌孫《チャンチョンソン》**に計画のすべてを密告するに及んだ。

鄭昌孫から報告を受けた世祖は、成三問ら６人をはじめ、謀議に関係した17人を逮捕・投獄。柳誠源は自決し、ほかのメンバーは、過酷な取り調べにも屈することなく、事件から7日目に刑場の露と消えたのである。

端宗はこの事件の巻き添えとなり、上王の座を追われて**魯山君《ノサングン》**に降格のうえ流《る》罪《ざい》。世祖３年（１４５７）、追放先の寧《ヨン》越《ウォル》で賜死《しし》となり、わずか16歳でその生涯を閉じた。

事件の中心となった成三問、朴彭年、河緯地、李塏、兪応孚、柳誠源の６名は、後年、忠臣として顕彰され「**死六臣《サユクシン》**」と呼ばれた。

中宗《チュンジョン》の代になって復権の動きが高まり、英祖《ヨンジョ》・正祖《チョンジョ》の代に、剥奪されていた官職が元に戻されるとともに、贈職と諡号《しごう》が下賜された。

一方、世祖の即位後、その正統性を認めず、隠遁生活に入ることによって、抵抗をしめした文人たちがいた。**金時習《キムシスプ》**、**元昊《ウォンホ》**、**李孟専《イメンジョン》**、**趙旅《チョリョ》**、**成聃《ソンダム》寿《ス》**、**南孝温《ナムヒョオン》**の６人で、彼らは「死六臣」に対して「生六臣《センユクシン》」と呼ばれる。生六臣の１人、南孝温は後に『死六臣伝』を著《あらわ》し、死六臣の存在を広く世に知らしめることとなった。

死六臣の墓
ソウル市内にある死六臣の墓。現在は整備され、「死六臣公園」となっている。

思想家

朝鮮王朝屈指の儒学者

李滉

イファン／りこう

生存年　1501～1570（享年69歳）
活躍時期　第11代中宗～第14代宣祖時代

李滉の肖像画
千ウォン札の肖像画として採用されている。

学究生活をはばむ任官

朝鮮儒学の大家として今も尊敬を集めている**李《イ》滉《ファン》**（号は**退渓《テゲ》**）は、有力両班《ヤンバン》の家の7男1女の末子として生まれた。11歳で論語を学びはじめ、20歳ごろには寝食を忘れるほど学問に没頭し、そのころの無理がたたって病弱な体質になったといわれている。

33歳のときに科挙に合格し、晴れて政界入りを果たした。38歳で弘文館《ホンムングァン》に配属され、朝廷でもまもなく優れた学才が認められるようになると、とくに優秀な者に与えられる賜暇読書《サガドクソ》（学問研究のための有給休暇制度）を許可されたが、李滉の学究の道は平坦ではなかった。

朝廷は李滉が官吏になった中宗《チュンジョン》代末期に乱れはじめ、次々代の明宗《ミョンジョン》のころになると大尹《テユン》派と小尹《ソユン》派の争いから**乙巳士禍《ウルササファ》**（→p88）が起こり、多くの士林《サリム》が流罪にされるなど混乱を極めたのだ。

李滉は10年あまりを官吏としてつとめたが、45歳で官職を棄て、故郷、慶尚道《キョンサンド》に戻り、庵を建て、独り学問に専念する生活に入った。しかし、その後も朝廷からはたびたび任官の命令が発せられ、李滉は忠清道《チュンチョンド》・丹陽《タニャン》や慶尚道・豊基《プンギ》の郡守を歴任。

51歳で朝鮮王朝の最高学府である**成均館《ソンギュングァン》**の**大司成《テサンソン》**（最高責任者）に任命され、これを受けた。

李滉の学問研究はこのころから充実し、先人の研究の改訂本や自説の論文を公刊し、儒学者として高く評価され、その名声は広く知られるようになっていった。

朝廷は成均館大司成から、ほかの要職に李滉を据えようとしたが、ことごとくこれを固辞し、56歳で再び官職を辞し、故郷へ帰った。

陶山書院の扁額
宣祖から下賜されたもの。陶山書院の典教堂（講義を行った建物）に掲げられている。

陶山書堂
陶山書院内の李滉が起居していたといわれる建物。

王朝に尽くした生涯

故郷へ戻った李滉は**陶山書堂**《トサンソダン》（のちに拡充され**陶山書院**《トサンソウォン》）を建て、本格的に学問生活に入った。57歳で『**朱子書節要**《チャジュソチョプヨ》』や『**自省録**《チャヤソンノク》』を完成させるなど、著述に専念する一方で、後進の教育にも力を入れ、李滉のもとから名宰相となった**柳成**《ユソン》**龍**《ニョン》をはじめ、２００人を超える多くの優れた儒学者が輩出された。晩年には、明宗のあとを継いだ**宣祖**《ソンジョ》に懇請されて重職に就き、病弱なために十分に職務を果たせないことを反省し、宣祖のために、王が守るべき儒学の枢要を述べた『**戊辰六条疏**《ムジンユクチョソ》』や『**聖学十図**《ソンハクシプト》』を著《あらわ》した。

在野で学問研究に打ち込みたいと願った李滉だが、亡くなる前年まで職務をはなれることを許されず、生涯を王朝のために尽くすこととなった。

李滉の学風は後代にまで及び、のちに**嶺南学派**《ヨンナムハクパ》と呼ばれる朝鮮儒学の大きな潮流となっていった。

烈女

良妻賢母の鑑

申師任堂

シンサイムダン／しんしにんどう

生存年　1504〜1551（享年47歳）
活躍時期　第11代中宗〜第13代明宗時代

韓国で最も有名な女性

韓国の歴史に登場する女性で、最もよく知られているのが**申《シン》師《サ》任《イム》堂《ダン》**だろう。5万ウォンという高額紙幣に肖像画が掲げられており、韓国では申師任堂を知らない人はいない。

申師任堂は朝鮮王朝中期の書画家であり、女流詩人としても名を馳せ、**李滉**《イファン》とともに朝鮮儒教の二大儒と称される**李珥**《イイ》（号は栗谷《ユルゴク》）を育てた母としても知られている。そして、なによりも儒教が教える理想的な良妻賢母の鑑《かがみ》として、今も人々に慕われているのだ。

儒教経典に通じ、芸術的才能にあふれ、家事や子育てもこなした、まさに文句のつけようのない申師任堂だが、申という苗字はわかっていても、男性社会の朝鮮王朝とあって、名前は伝わっていない。

「師任堂」というのは、自らつけた号で、中国史上、最も賢くしとやかだったという文王の母「太任」を師と仰ぐという意味がこめられている。

夫を賢く助ける妻

申師任堂は19歳で**李《イ》元《ウォン》秀《ス》**と結婚すると、4男3女をもうけ、家を切り盛りするだけではなく、内助の功をしめし、夫を支えつづけた。

夫が、科挙に合格するまで家をはなれて学業に専念すると約束したにもかかわらず、数日で家に戻ってきたときには、裁縫箱の鋏《はさみ》を取り出し、自分の体にあて、「約束を守れない夫なら自分は自決する」と、夫の奮起をうながした。自分の非を認めた李元秀は懸命の勉強ののち、科挙に合格し、官吏の道にすすむことができたという。

申師任堂の肖像画
５万ウォン札の表に刷られている。韓国の紙幣に女性が登場したのは申師任堂が初めて。

また、夫が官吏になってからも、申師任堂はその聡明な智恵で夫を助けている。

夫の李元秀は当時、朝廷で全盛を極めていた領《ヨン》議政《イジョン》の**李芑**《イギ》の家に頻繁に出入りするなど、盛んに李芑に取り入ろうとしていた。しかし、申師任堂に聴こえてくる李芑の評判は、権勢に反してよくないものばかりだった。申師任堂は李芑との距離を置くように夫を説得し、李元秀は妻の意見を聴きいれた。

それからまもなく、李芑が派閥争いに負けると、李芑の勢力は一気に没落した。しかし、妻の忠告にしたがって李芑から遠ざかっていた李元秀は、この災厄をまぬがれることができたのである。

こうした申師任堂の逸話は、良妻としての「夫婦の別（↓p21）」を伝えるものだけではなく、母に対しての孝行や見知らぬ他人への思いやり、書画家としての秀でた評判など、優れた人となりを伝えるものが数多く残されている。

紙幣の肖像画に選定されたのも、申師任堂が「家庭を大切にしながら自立し、学芸の道を歩んだ韓国女性の先駆者」だったからだ。ちなみに、息子の李珥も5千ウォン札の肖像画に選定されており、親子そろって紙幣になっている。

烏竹軒《オジュッコン》
江原道《カンウォンド》・江陵《カンヌン》にある申師任堂の家族が暮らした家。

作家

理想を追い求めた文人

許筠

ホギュン／きょにん

生存年　1569～1618（享年49歳）
活躍時期　第14代宣祖～第15代光海君時代

社会派小説だった『洪吉童伝』

社会悪がはびこる時代には、世相を鋭く批判する芸術が現れることがあるが、**許筠**《ホギュン》の著《あらわ》した初のハングル小説『**洪吉童伝**《ホンギルトンジョン》』もそのひとつである。

許筠は、一流の文章家である**許曄**《ホヨプ》の末子として生まれ、異腹兄の**許筬**《ホソン》、実の姉の*****許蘭雪軒**《ホナンソロン》とともに文才に恵まれた優れた文章家であった。

許筠自身も幼いころから書を読み始め、25歳で科挙の文科に及第。さらに上位を目指した28歳の文科受験では首席合格を果たし、高級官僚としての道を歩み出した。

しかし、許筠が官僚となった**光海君**《クアンヘグン》の治世は、宣祖《ソンジョ》の代からはじまった朋党《ブンダン》政治（↓p91）の時代であり、許筠は主にその思想的な理由からたびたび弾劾され、罷免、辞職をくり返しては復帰を果たしていくこととなる。

そうした日々のなか、許筠は、賤民出身の詩人らと交流するなど、人間関係の幅を広げつつ、身分制度の中で冷遇される人々の姿に触れていった。そして、両班《ヤンバン》家庭での庶子差別の廃止、身分制度の打破といった理想を抱くに至る。

当時、賤民に対する蔑視はもちろんだが、貴族層とも言うべき両班であっても、庶子であるという理由だけで科挙（文科）を受験することが認められず、また、祖先礼拝の祭祀も土間から礼拝しなければならないなど、庶子は生涯にわたって屈辱的な扱いを受けていた。

こうした身分制度による社会の歪みを正したい、という思いも込めて彼が著したのが、『洪吉童伝』だったのである。

『洪吉童伝』は、義賊である洪吉童を主人公と

＊許蘭雪軒：女流詩人。代表的な詩作品に「游仙詩」「貧女吟」「鳳仙花歌」などがある。

義賊として活躍する洪吉童
主人公の洪吉童は、高級官僚の両班の家に生まれた庶子。庶子であるがゆえに、少年時代には家族に殺されそうになった過去をもつ。

した英雄小説であるとともに、両班家庭の庶子差別の不合理を批判した社会派小説でもあった。この小説には、許筠が描いた理想郷の姿があり、それはやがて理想に留まらず、革命の実践へと結びついていくことになる。

理想を目指して謀叛人に

許筠は、『洪吉童伝』で描いた理想の社会を実現すべく、クーデターを計画した。彼は首都の漢《ハン》城《ソン》を掌握しようと考え、「女真《じょしん》族や倭寇が攻め込んでくる」といった流言飛語を部下たちに広めさせた。この噂が民衆の間に広まり、人々が動揺する隙を狙って、漢城を占拠しようとしたのである。

しかし、彼が望んだ革命は日の目を見ることがなかった。部下が不審者審問に引っかかり、計画をばらしてしまったのだ。そのため、許筠は逮捕され、*凌遲處斬《ヌンジチョチャム》に処されたのである。時に、許筠49歳。波瀾に富んだ生涯の幕切れであった。

許筠が理想とする社会を目指した革命は、失敗に終わってしまった。しかし、変革を追い求めた彼の理想は『洪吉童伝』を通して後の世代へと引き継がれていったのである。

ブックガイド

『洪吉童伝』
許筠著、野崎充彦訳注　東洋文庫　平凡社
3種類の『洪吉童伝』の異本や著者・許筠の解説などを併載している。

＊凌遲處斬：生身の人間を少しずつ切り削ぎ、長時間苦痛を与えて死に至らしめる刑。

名将

常勝の水軍将軍

李舜臣

イスンシン／りしゅんしん

生存年　1545～1598（享年53歳）
活躍時期　第14代宣祖時代

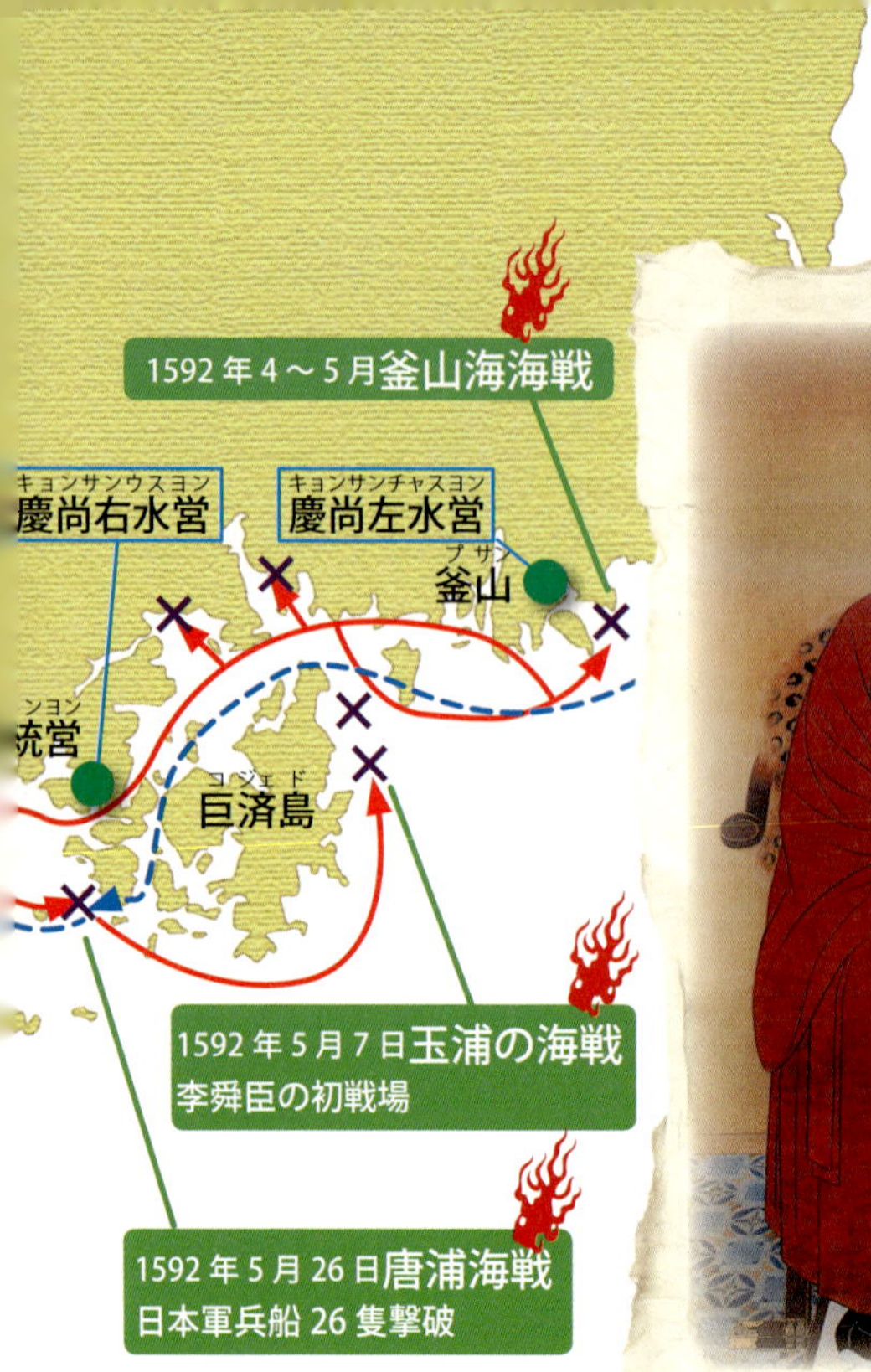

李舜臣肖像画

倭軍を蹴散らす反骨の将軍

朝鮮半島の歴史上、最大の英雄と讃えられるのが、壬辰倭乱《イムジンウェラン》・丁酉再乱《チョンユジェラン》（文禄・慶長の役）を戦った**李舜臣**《イスンシン》将軍だ。

文班《ムンバン》の家に生まれたにもかかわらず、武官を志望し、32歳で科挙（武科）に合格して武官となった李舜臣は、北方の守備部隊を振り出しに、しだいに頭角を現し、砦の長にまで取り立てられた。しかし、命令違反で官位を剥奪《はくだつ》されるなど、たびたび懲戒処分を受けたことが記録されており、誠実に職務に取り組もうとする李舜臣と理不尽な命令を下す上官との間で、衝突が起こっていたことがうかがえる。

その後、40歳を過ぎて全羅左水営《チョルラチャスヨン》の水軍の司令官に就任すると、かねて噂のあった倭軍の侵攻に

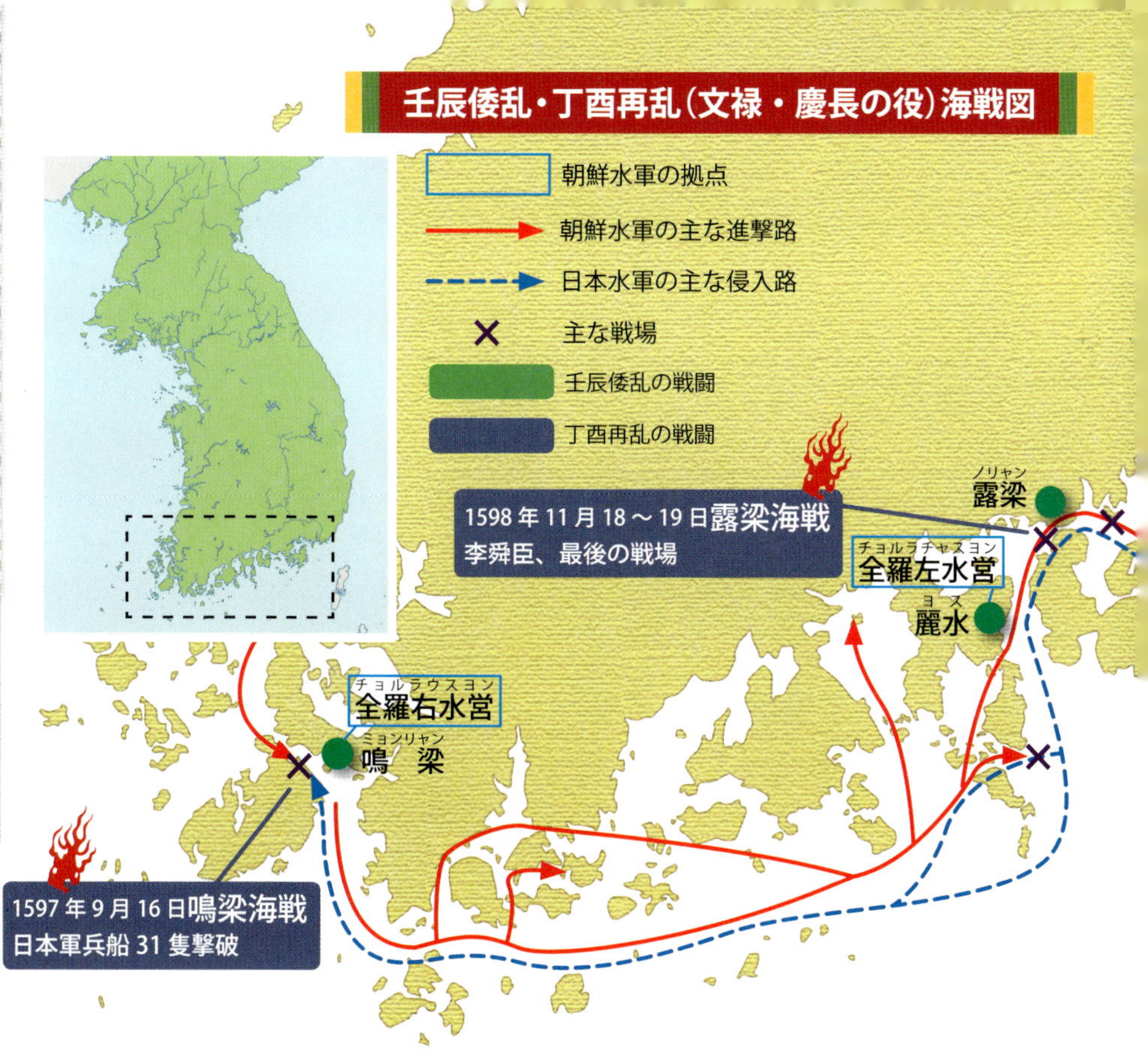

備え、亀甲船《コブッソン》を建造するなど、戦力の整備、補充につとめた。

そして、1592年4月13日、李舜臣が47歳のとき、ついに倭軍の侵攻が現実のものとなった。

倭軍の攻撃はすさまじく、釜山《プサン》を守備する慶尚《キョンサン》左水営《チャスヨン》の水軍はまたたく間に撃破され、占領された釜山から、倭軍の陸戦部隊が続々と上陸し、進撃を開始していた。

李舜臣は、各地で逃走した水軍部隊も自軍に加えて倭軍の水軍を襲撃し、「玉浦《オクポ》の海戦」の大勝利をはじめ、目覚ましい活躍をみせた。

一兵卒に墜とされた英雄

休戦に入ると、功績を認められた李舜臣は朝鮮半島中部以南の水軍を統べる総司令官に昇進。しかし、まもなく政敵らの讒言《ざんげん》により更迭《こうてつ》され、さらに官位も剥奪、*白衣従軍《ペギジョングン》に処された。

状況が一変したのは1597年。倭軍の第2次侵攻によるものだった。後任の水軍司令官が壊滅

＊白衣従軍：一兵卒に降格される処罰。

韓国の100ウォン貨幣の李舜臣像

亀甲船の実物大模型
竜の首と亀の甲羅状の外板をもった軍船。

ソウルに立つ李舜臣の銅像

的な敗北を喫し、朝廷は一兵卒に降格させた李舜臣に頼らざるをえなくなった。急遽、司令官に返り咲いた李舜臣は水軍の建て直しをはかり、各地を転戦した。しかし、圧倒的な力をもつ倭軍との連戦のなか、ついに1598年11月18日、露梁《ノリャン》海戦において倭軍の軍船に包囲され、射撃により戦死した。死の間際《まぎわ》には敵の士気を上げないよう、自分の死を秘すように命じたという。

李舜臣の死後、朝廷は武勇に報《むく》いるため「忠武《チュンム》公《ゴン》」の名を贈った。現在、李舜臣を讃えて、ソウルをはじめ韓国各地に銅像が建てられている。

ブックガイド

『乱中日記　壬辰倭乱の記録』1～3
李舜臣著、北島万次訳　東洋文庫　平凡社
朝鮮水軍を率いて、秀吉の軍と野望を撃破した李舜臣が、乱の最中に記した日記。

『懲毖録《ちょうひろく》』
柳成龍著、朴鐘鳴訳　東洋文庫　平凡社
朝鮮朝廷の高官が著した壬辰倭乱の記録。

『孤将』
金薫著、蓮池薫訳　新潮文庫　新潮社
李舜臣が文禄・慶長の役で日本軍を打ち破り、戦死をとげるまでを描いた歴史小説。韓国で50万部を超えるベストセラー。韓流ドラマ『不滅の李舜臣』原作。

■主要参考文献

『朝鮮王朝史』上下　李成茂著　李大淳監修　金容権訳　日本評論社（２０００年）

『改訂版　朝鮮王朝実録』朴永圭著　神田聡ほか訳　キネマ旬報社（２０１２年）

『世界の教科書シリーズ1　新版韓国の歴史』大槻健ほか訳　明石書店（２０００年）

『朝鮮王朝５００年の舞台裏』韓国ドラマ研究会編　六反田豊解説　青春出版社（２０１２年）

『韓国　堕落の２０００年史』崔基鎬著　祥伝社（２００６年）

『韓国歴史地図』韓国大学歴史教育科著　吉田光男監修　平凡社（２００６年）

『漫画　韓国の歴史』全23巻　朴成壽監修　ほるぷ出版（１９９７年）

『朝鮮朝宮中風俗の研究』金用淑著　大谷森繁監修　李賢起訳　法政大学出版局（２００８年）

『朝鮮王朝の衣装と装身具』張淑煥著・監修　原田美佳他著・訳　淡交社（２００７年）

『王妃たちの朝鮮王朝』尹貞蘭著　金容権訳　日本評論社（２０１０年）

『ソウル』姜在彦著　文藝春秋（１９９８年）

『ソウルの王宮めぐり』武井一　桐書房（２０００年）

『戦争の日本史16　文禄・慶長の役』中野等著　吉川弘文館（２００８年）

『直訴と王権　朝鮮・日本の「一君万民」思想史』原武史著　朝日新聞社（１９９６年）

■監修者紹介

六反田豊（ろくたんだ　ゆたか）

九州大学大学院文学研究科（史学専攻）博士後期課程中途退学。文学修士。
現在、東京大学大学院人文社会系研究科（韓国朝鮮文化研究専攻）准教授。専門は韓国朝鮮の中世史および近世史。なかでも、朝鮮王朝（李朝：1392-1910）時代の水運史や財政史・経済史などを中心に研究。著著に『日本と朝鮮　比較・交流史入門』（共編著、明石書店）ほか、訳書に『朝鮮王朝社会と儒教』（法政大学出版局）ほか。

■写真協力

ImageClick/ アフロ 、Yonhap/ アフロ、近現代 PL/ アフロ、アマナイメージズ、ユニフォトプレス、東北大学総合学術博物館、大澤武司、川西裕也、呉世哲、武井一、横山信明、六反田豊

■資料協力

国立国会図書館　大阪府立中之島図書館

■編集制作

本文デザイン・ＤＴＰ／庄司朋子（有限会社トビアス）
本文イラスト／清水稔
編集協力／金子雅和（有限会社トビアス）

朝鮮王朝がわかる！

監　修　六《ろく》反《たん》田《だ》　豊《ゆたか》

発行者　風早健史

発行所　成美堂出版
〒162-8445　東京都新宿区新小川町1-7
電話（03）5206-8151　FAX（03）5206-8159

印　刷　凸版印刷株式会社

ISBN978-4-415-31456-3
落丁・乱丁などの不良本はお取り替えします
定価はカバーに表示してあります